Thesoro Escondido En El Sacratissimo Corazon De Jesus: Descubierto A Nuestra Espa#a En La Breve Noticia De Su Dulcissimo Culto ...

Juan de Loyola

THESORO ESCONDIDO EN EL SACRATISSIMO CORAZON DE JESUS,

DESCUBIERTO A NUESTRA ESPAÑA EN LA BREVE NOTICIA DE SU DULCISSIMO CULTO,

PROPAGADO YA EN VARIAS PROVINCIAS DE EL ORBE CHRISTIANO.

SU AUTHOR
EL PADRE JUAN DE LOYOLA, de la Compañia de Jesus, Maestro de Theologia Sagrada, y Rector, que fuè, de el Colegio de Segovia.

QUARTA IMPRESSION,
Corregida, y aumentada por el mismo Author.

Con las licencias necessarias.

EN SAN SEBASTIAN.
Año de 1737.

INDULGENCIAS, CONCEDIDAS A LOS QUE leyeren este Librito.

EL Eminentissimo Señor Cardenal Don Troyano de Aquaviva, cien dias.

El Ilustrissimo Señor Don Andrès de Orbe, Arzobispo de Valencia, Inquisidor General, quarenta dias.

El Ilustrissimo Señor Don Manuel de Samaniego, Arzobispo de Burgos, ochenta dias.

El Ilustrissimo Señor Don Domingo Guerra Arzobispo, Obispo de Segovia, ochenta dias.

El Ilustrissimo Señor Don Thomàs Raro, Obispo de Cordova, quarenta dias.

El Ilustrissimo Señor Don Alvaro de Mendoza, Arzobispo de Farsalla, y Patriarca de las Indias, quarenta dias.

El Ilustrissimo Señor Don Julian Dominguez, Obispo de Valladolid, quarenta dias.

AL

AL ILUSTRISSIMO SEÑOR D. Andrès de Orbe y Larreategui, Arzobispo de Valencia, Governador del Consejo Supremo de Castilla, Inquisidor General, del Consejo de su Mageſtad, &c.

SEÑOR ILUSTRISSIMO.

SEÑOR.

LA devocion al Sacratiſsimo Corazon de Jeſus, oculta por muchos años en Eſpaña, ſe và dilatando con brevedad tan felìz en los corazones iluſtres, grandes, y piadoſos, que ſus admirables progreſſos ſſolo deben atribuirſe al Corazon Divino. Encendiòſe con caſualidad myſteriosa eſta sòlida devocion en vn corazon amante de Jesus, que vivia, y muriò yà en la Nobilissima Ciudad de Valladolid. De aqui bolaron las centellas de este fuego sagrado por toda España; y en menos de tres años, que aun no se cuentan desde el dia, en que se descubriò este Tesoro escondido, no ay Provincia, Reyno, ni Ciudad apenas de nuestra Inclita Nacion, que no aya recibido con piadoso aplauso, y sagrado empeño la devocion al Corazon de Jesus. Nuestra Augustissima Corte ha dado tán soberanos exemplos de piedad, y amor al Corazon Santissimo, que podràn contribuir noble materia à la Historia, como contribuyen oy edificacion, sublime emulacion, y real exemplo.

En muchas Ciudades ilustres de es-

tos.

tos Reynos se han fundado Congregaciones, se han celebrado festivas solemnidades; se han rezado publicas Novenas; se han practicado obsequios inumerables de frequencia de Sacramentos, Oracion, y Exercicios de todas las Virtudes. En muchas Comunidades Religiosas de casi todas las Ciudades de España, semejantes obsequios, y quantos Exercicios practica la piedad mas observante, y religiosa, son frequentes todos los años, meses, semanas, y aun dias, en honor, amor, y culto del Corazon Sacratissimo de Jesus. Todo con aprobacion, exhortacion, aplauso, y algunas vezes assistencia de los Ilustrissimos, y zelosos Pastores, en cuyas Diocesis se rinden al Corazon Sagrado de Jesus tan dignos cultos.

Entrando, pues, aora en el grande, y nobilissimo Arzobispado de Valencia, como en triunfo, la devocion del Corazon de Jesus en las alas del zelo, y piedad de V. S. I. de justicia la sigue este Librito, bolando à las Aras de vn Prelado tan amante del Corazon Sagrado. Es V. S. I. el principal instrumento de la Providencia Divina, para que el Arzobispado de Valencia reciba obsequioso la devocion al Corazon Sacrosanto de Jesus; pues su santo zelo en el pasto espiritual de sus ovejas, hizo à V. S. I. procurar, y conseguir las Apostolicas Missiones de dos Missioneros Jesuitas, empleados actualmente en cultivar el campo fertil del Arzobispado de V. S. I. Con estas fructuosas, y Apostolicas Missionès se và dilatando, y arraygando en el cora-

zon

zon de los Fieles la devocion al Sagrado Corazon de Jesus. Se experimenta con singular consuelo de quantos, por la Divina gracia, se han dedicado à establecer esta devocion tan sòlida, y tan del Cielo, que todos la reciben con el amor tierno, y fervoroso, que merece. Por esta causa los Missioneros de V. S. I. para que el fruto sea seguro, y permanente, fundan Congregaciones del Corazon de Jesus, aprobadas yà por la Santa Sede, y favorecidas con muchas Indulgencias; en que, alistada la mejor Nobleza de ambos sexos, rinden obsequiosos cultos al Corazon Santissimo; y à su imitacion todo lo restante del Pueblo Christiano.

Viendo yo, que V. S. I. tiene en su piadoso corazon vn ardiente deseo de

¶ 4 coope

cooperar, por todos los medios posibles, à la extension de los cultos del Corazon Sagrado, me ha parecido digno de la piedad de V. S. I. este Librito. Entre los otros poderosos medios, con que Jesus ha dilatado por España las glorias de su Corazon, se ha dignado admitir este pequeño escrito; quanto mas pequeño, y humilde, mas proporcionado à la Omnipotencia de Jesus; pues acostumbra el Señor valerse de instrumentos pequeños para grandes empressas de su mayor gloria. Para proporcionar la pequeñèz de este Librito à la grande, y gloriosa obra de dilatar mas la devocion del Corazon Sacratissimo, se vale del Ilustrissimo nombre, Sagrado por tantos titulos, y autorizado de V. S. I.

Un

Un Libro de devocion, y tal devotion, como la del Corazon Sacratissimo de Jesus, consagrado à V. S. I. no puede dexar de prometerse felìz, y copiosissimo fruto. Quando lean los Fieles el nombre de vn Señor Ilustrissimo Arzobispo, Governador del Consejo Supremo de Castilla, Inquisidor General, &c. à la frente de este Librito, pensaràn justamente, que su doctrina es del Cielo. Ni puede ser de otra esfera, tratando del Corazon de Jesus. En esta Escuela Divina, leyendose todas las Virtudes, se ostentan à la frente de este Celestial Musèo de la Trinidad Santissima las dos Virtudes, que forman el caracter del Corazon Sacrosanto: *Mansedumbre, Humildad. Discite à me, quia mitis sum, & humilis corde*. Math. cap. 11. Como Arzobispo,

Pastor

Pastor del Pueblo Christiano, desea, y procura V. S. I. en sì mismo, y en todas sus ovejas vn corazon manso, suabe, humilde, y amoroso, formado à imitacion del Corazon Sacrosanto de Jesus; como Governador del Consejo Supremo de Castilla, vn corazon grande, dilatado, benefico, anchuroso, y regio; como Inquisidor General, vn corazon santo, recto, zeloso, y benigno.

Todos estos estimables dotes, y otros infinitos hallarà V. . I. en este pequeño Libro, que humildemente le presento. Porque el Corazon Sacratissimo de Jesus, que encierra en sì este *Thesoro escondido*, tiene las infinitas excelencias, prerrogativas, y virtudes de vn Corazon Divino, y muy humano. Su lectura, y la meditacion de

las

las excelencias del Corazon de Jesus, estamparà en los corazones amantes con caractères de amor, y de fuego, las Virtudes todas, que forman vn corazon manso, suabe, dulce, humilde, amoroso, grande, dilatado, anchuroso, regio, santo, recto, zeloso, y benigno.

Corazon de este temple deseo à V. S. I. para que influya, como Pastor Ilustrissimo Arzobispo, semejantes virtudes en todas sus ovejas; como Governador del Supremo Consejo de Castilla, en los supremos corazones de España; y en todos los Christianos, que abrazan los dos Mundos de nuestra Monarchìa Española, como Inquisidor General, à quien la Divina Providencia tiene confiado el sagrado deposito de nuestra Santissima Religion Catholica Apostolica Ro-

mana

maña en su mas inalterable pureza, y santidad. Que sea assi suplico humildemente à nuestro Señor, y al Corazon Sagrado de Jesus, y que nos guarde la persona de V. S. I. los muchos años, que necessita la Santa Iglesia. De este Colegio Imperial de Madrid à 1. de Marzo de 1736.

SEñOR ILUSTRISSIMO.

B. L. M. de V. S. I.
Su mas humilde, y reverente
siervo y Capellan.
Juan de Loyola.

PRO-

PROTESTA,

Y ADVERTENCIA.

EN las Revelaciones, ò Milagros, que se atribuyen, y en los elogios, que se dàn en este Librito à personas no Canonizadas, ni Beatificadas, no pretendo de manera alguna prevenir el infalible juicio de la Santa Iglesia; antes en todo, como verdadero hijo suyo, humildemente me sujeto à los Decretos del Santissimo Pontifice Urbano VIII. y à los de la Sagrada Congregacion de Ritus, en la misma forma que se declara en el piadoso Libro de *Cultu Sacrosancti Cordis Dei Iesu*, que consagrado à la soberana proteccion del Santissimo Pontifice Benedicto XIII. de gloriosa memoria, diò à luz en Idioma Latino el año de 1726. el M. R. P. Joseph de Gallifet, de la Compañia de Jesus, viviendo en Roma Assistente de las Provincias de Francia.

De esta Obra, à todas luzes grande, de este docto, y piadoso Jesuita, y de vn Papel en Derecho, que presentò à la Sagrada Congregacion de Ritus sobre el mismo assunto, se ha sacado lo mas de este Librito. Ojalà mueva el Señor à algun su siervo, que le haga comun à

Portu-

Portugal! pues este Celestial Thesoro de Divinas gracias, en que se enriquecen casi todas las Provincias del Christianismo, ha sido poco menos de medio siglo *Thesoro escondido* à estas dos tan ilustres, como piadosas Naciones; pero esperamos sean los primeros en promover este Sagrado culto estos dos Reynos, que son los vltimos en abrazarle. Assi se ha visto, y se experimenta con gozo, y con assombro de quantos se han consagrado à encender, y propagar en los corazones piadosos la devocion al Sacratissimo Corazon de Jesus. En menos de tres años se ha difundido, como vn Sol, por todas las Provincias de España, valiendose el Corazon Divino de Ilustrissimos Prelados, Missioneros, Directores, Confessores, Theologos, Predicadores, y algunos pequeños escritos de piedad en este assunto, formados en nuestro Idioma, y traducidos del Idioma Francès al nuestro.

Siendo, pues, vno de ellos este Librito, y casi forzoso llegue à manos de personas de diversas condiciones, y talentos, se ha procurado formar desuerte, que pueda mover las voluntades, è ilustrar los entendimientos; que sirva à la comun piedad de los Fieles, y no sea inutil à la devocion discreta de los Sabios; que aparezca en èl, lo tierno y dulce de

este

eſte culto; y no ſe eche menos la ſolidez de ſus fundamentos, con el grande apoyo, que le dà la autoridad de los Santos, para que no ſalga tan expueſto à la cenſura, ò à la nota de novedad, por ſer nueva eſta noticia en nueſtra Eſpaña. O! quiera el miſmo Santiſsimo Corazon mover, à que ſe lea con la atenta reflexion, que merece, pues eſperamos no ſea inùtil, ò infructuoſa ſu lectura.

INDICE

INDICE DE LOS CAPITULOS de este Librito.

THESORO

Poneme vt
Cor tuum. Can.26.
matum est cor meum
signaculum super
Sic Deus dilexit mundum
Vltra debui facere
Languco ipse vulne
Amor
Inspice & fac secundum exemplar. Exo.
Pro speculo cordis cor aspice dulcis Iesu
imprimet hic cordi vulnera viva tuo.
Mirate como en Espejo
en este mi Corazõ
traslada à tu imitã.
Cruz, Espinas, Llaga, Fuego.

THESORO ESCONDIDO EN EL SACRATISSIMO CORAZON DE JESUS, DESCUBIERTO A NUESTRA ESPAÑA EN LA BREVE NOTICIA de su dulcissimo Culto.

PROPAGADO YA EN VARIAS Provincias del Orbe Christiano.

CAPITULO PRIMERO.

ORIGEN, PROGRESSO, Y ESsencia de este piadosissimo Culto.

L Iluminado, y Maximo Doctor de la Mistica Theologia, dulcissimo Director de las almas S. Francisco de Sales, Obispo, y Principe de Geneva, *Su Vida, lib. 3. c. 3.*

revelò el Cielo fundase una Religiõ, que tuviesse por fin adorar el Corazon Sagrado de JESVS, y practicar cõtinuamẽte las dos virtudes *Mansedumbre, y humildad*: virtudes, que formã el caracter del Corazon Divino; y son la doctrina de su Celestial Escuela. Esta revelacion fue profetico anuncio del culto del Corazon Sãtissimo. Pero poco menos de quatro siglos antes que se publicasse al mundo esta devocion, fue profetizada en esta forma: Quexabase amorosamente Santa Getrudis, Esposa regalada de Jesu Christo (que floreciò avrà cerca de 500. años) de que San Juan Evangelista no nos huviesse declarado en su Evangelio las excelencias, riquezas, prerrogativas, y finezas del Corazon amantissimo de Jesus; pues quando se recostò en su Divino Pecho, las conociò profunda, y distintamente; aqui la respondiò el Sagrado Evangelista: Que el manifestar à la Iglesia los Tesoros que el Eterno Padre depositò en este Corazon Divinissimo, *estaba reser-*

Insin. Divin. Piet. lib. 4. c. 4. Edit. Matrit.

reservado por la Divina Providencia para los tiempos futuros, en los quales, oyendo los milagros de su amor, el mundo envejecido se renueve, entendiendose resfriada caridad en el fuego ardiente del Amor Divino.

Esta profecia ha empezado yà à cumplirse; y los tiempos futuros tanto antes anunciados, parece ser los presentes, pues desde los fines del siglo passado se ha empezado à estender por varias partes del Orbe Christiano el suavissimo culto del Deifico Corazon de Jesus; quien, para enriquecer su Iglesia con Celestiales gracias, le ha descubierto y promovido por sí mismo con circunstancias maravillosas, en todo semejantes à aquellas, con que manifestó, è instituyó en su Iglesia el solemnissimo culto de la Festividad del Corpus por medio de la Virgen Santa Juliana, como se puede vèr en el Padre Bolando, de la Compañia de Jesus.

Este culto, pues, de el Divinissimo Corazon de Jesus tuvo el origen que aora dirè: Vivia la V. Madre Margarita de Alacoque, hija de el dulcissimo Director de las Almas San Francisco de Sales, en el Monasterio de la Visitacion de Santa Maria de Paroy, Villa del Ducado de Borgoña. Era esta admirable Virgen, y Santissima Religiosa favorecida del Señor con extraordinarias gracias, è ilustraciones del Cielo; acreditadas con una vida perfecta, muy conforme à la obligacion de su Instituto, apoyadas sobre las virtudes mas solidas de su estado, y confirmadas con milagros en vida, y en su muerte, que fue el año de 1690. de los quales algunos se han autenticado, con las formulas que prescrive el Derecho en orden à su Canonizacion.

Act. Sanct. 5. April. Vit. S. Iulian.

Empezò Jesus à embiar ilustraciones divinas à su espiritu, que declarassen à Margarita las excessivas finezas de su Corazon Sagrado para con los hombres. Inflamado el de Margarita en el de Jesus, no hablaba, ni trataba, ni deseaba, ni pedia,

ni

hi pensaba con mas ardor en otra cosa, que en procurar por todos los medios possibles las glorias del Sacrosanto Corazon.

En estas amantes ansias se hallaba la V. Margarita, quando la favoreciò el Señor con una vision maravillosa. En ella la declarò dos cosas: La una, que su Magestad queria, que en su Santa Iglesia se instituyesse especial festividad, con que se diesse particular culto à su Santissimo Corazon. La otra, que su Providencia avia determinado tomarla por instrumento para tan grande obra. No es facil explicar el consuelo que sintiò la V. Virgen con la primera parte de esta revelacion; pero la segunda afligiò sobre manera su humilde corazon, teniendose por instrumento inhabil para empressa tan gloriosa. El ardor de su amor la derretia, y el conocimiento de su pequeñèz la aniquilaba.

In Vita à se script. num. 32.

Por estos temores tuvo oculta esta revelacion muchos años, hasta

que

que vencida del torcedor de desagradar à Dios, si no la manifestaba, la comunicò à su Director, hombre esclarecido en la vida espiritual, y à quien el mismo Jesus la avia señalado, al parecer, con especial providencia, para que la guiasse, y fortaleciesse en tan ardua empressa. Fue este el V. P. Claudio La-Colombierè, de la Compañia de Jesus, cèlebre entonces en Francia por sus Apostolicas Missiones, y eloquencia sagrada, como tambien en Inglaterra, donde padeciò carceles, prisiones, y malos tratamientos de los Hereges.

Era este V. Jesuita favorecido del Señor con admirables ilustraciones, especialmente en el retiro de los dias de Exercicios, que practìcan todos los años los Padres de la Compañia. Moviò desuerte el espiritu del Señor en unos de estos Exercicios al P. Colombierè à procurar el Sagrado culto del Corazon dulcissimo de Jesus, que no pudo dilatarlo mas. Empezò à exortar à

mu-

muchas perſonas con ſus ardientes palabras, à que celebraſſen con particular culto eſta Fieſta. Eſcriviò à uno de ſus eſpirituales amigos deſde Inglaterra, para que procuraſſe en el Chriſtianiſsimo Reyno, lo que el Padre ſolicitaba alli por sí miſmo, y tambien en otras partes por ſus piadoſos confidentes. Para alentarſe mas fervoroſa, y ardientemente à lo que Dios le avia inſpirado en el celeſtial retiro de los Exercicios, eſcrivió la revelacion, que le avia comunicado, y dado por eſcrito la V. Madre Margarita, la qual dezia aſsi:

,, Un dia de la Infraoctava de ,, la Fieſta del Corpus, eſtãdo en ora- ,, cion delante del Santiſsimo Sacra- ,, mento, fui ſobremanera llena de ,, celeſtiales gracias de mi Señor. De- ,, ſeando yo entonces ardiẽtemente ,, ofrecer algo à ſu Mageſtad, ſegun ,, mi pequeñèz, por tan ineſtimables ,, beneficios, me dixo el Señor: Na- ,, da puedes hazer, que me ſea mas ,, agradable, como executar lo que

In Vit. à ſe ſcript. num. 48.

,, tantas vezes te he mandado; entonces deſcubriendo ſu Sacroſanto Corazon, añadiò: Vès aqui mi Corazon: aquèl corazon tan abraſado en amor de los hombres, que no omitiò coſa alguna para declararles ſu infinito amor, haſta agotar, y conſumir del todo ſus fuerzas, y vitales eſpiritus. Pero la mayor parte, no ſolo no ſe mueſtran agradecidos, ſino q̃ me deſprecian, y me hieren en eſte Myſterio de amor con injurias, y y afrentas; y el mayor dolor es, que padezco eſtas injurias, y ultrages aun de las perſonas, que me eſtàn eſpecialmente conſagradas. Por lo qual te pido, que el Viernes inmediato à la Octava de la Feſtividad del Corpus, ſe dedique particularmente al culto de mi Corazon; en el qual dia comulgando, ſe compenſen de alguna manera las injurias cometidas contra mi Corazon amante en el Sacramento del Altar, eſpecialmente en los dias, q̃ eſtoy expueſ-

,, to à la veneracion de los Fieles. Y
,, te empeño mi palabra, que mi
,, Corazon se derramarà en copio-
,, sos influxos de su amor, llenando
,, de Celestiales gracias à quantos le
,, rindieren este culto, y procuraren
,, que otros tambien se le rindan.

,, Entonces respondì yo: Ay, Se-
,, ñor mio! ay! à quien quereis por
,, instrumento de vuestros Divinos
,, consejos? A mi, cuya suma vi-
,, leza, è inumerables pecados im-
,, pediràn antes, que cooperaràn à
,, obra tan santa? Principalmente,
,, Señor, teniendo vuestra Mages-
,, tad tantos fieles siervos prontos à
,, executar valerosamente vuestro
,, santissimo designio? Christo en-
,, tonces me respondiò: Pues acaso
,, ignoras, imprudente, q̃ yo acos-
,, tumbro elegir los dèbiles de este
,, Mundo para confundir à los fuer-
,, tes? No sabes, que es proprio de
,, mi sabiduria valerme de hombres
,, flacos para executar mis consejos,
,, y manifestar de esta suerte mas
,, gloriosamente mi poder; no pu-
dien-

,, diendo ellos atribuirse cosa alguna por su debilidad? Pues, Jesus mio (respondì) mostradme el camino, y modo de executar vuestros Preceptos. Irás (me dixo) à mi Siervo (*era este el V. P. Colombierè*) y le dirás en mi nombre, que procure con todas sus fuerzas se instituya este religioso culto, que serà muy agradable à mi corazon; y que no desmaye por los muchos embarazos que ocurrirán; pues debe saber, que no ay cosa impossible al que desconfiado de sí, pone en mi solo toda su confianza. Hasta aqui las palabras de la V. Margarita, que se hallaron en el escrito del V. P. Colombierè.

Recibiò este V. P. con toda veneracion el mandato del Señor; y en quanto le durò la vida procurò con todas sus fuerzas estender el Sagrado culto al Divinissimo Corazon. Pero se puede seguramente afirmar, que le propagò desde el Cielo con mayor felicidad, que en la tierra; porque hallandose entre sus

M. S.

M. S. despues de su muerte la revelacion referida, y dandose à la luz publica con las cèlebres obras de este Predicador Apostolico, y cooperando el zelo de algunos Padres de la Compañia de Jesus (Religion especialmente escogida por la Divina Providencia, para estender en todas partes la devocion del Corazon Sagrado, segun revelò el Señor à la V. M. Margarita, que assi lo dexò escrito de su mano) empezaron muchas almas piadosas à practicar privadamente el soberano culto; y aviendo sido recibido con ardor amante de algunos corazones bien dispuestos, empezaron luego à salir à luz algunos libritos piadosos, que exhortavan à celebrar las glorias del Corazon Sacrosanto del Señor en la forma que èl mismo avia mandado à la V. M. Margarita, y avia publicado el V. P. Colombierè.

Pero apenas comenzò à divulgarse con alguna mayor publicidad esta piadosa devocion, quando se levantò contra ella una persecucion tan desecha, que solo el Corazon del dulcissimo Jesus, y su poder infinito pudiera deshazerla. Dezianse tantas injurias, contumelias, y casi blasfemias contra el mismo Sacrosanto nombre del *culto del Corazon*, contra los que le promovian, y contra los que le practicaban; que no se podian oír entonces, ni escrivir aora sin horror.

Esta tormenta tempestuosa sirviò à la Divina Providencia de establecer mas solidamente el sagrado culto entre las olas de la persecucion; y adelantarle con mayor prosperidad. Assi sucede de ordinario à los designios, que han de ser para grande gloria de Dios, edificacion de la Iglesia, y provecho de las Almas; como lo ha sido, y serà en adelante (como esperamos) el culto del Santissimo Corazon; el qual se hizo mas cèlebre, y publico con las altercaciones entre los Gremios todos de piedad, perseguido de muchos, y favorecido de no pocos. Retiròse, digamoslo assi, el dulcissimo Corazon

razon de Jesus à los Claustros Religiosos de ambos sexos, mientras passaba tan furiosa tempestad.

Empezaron à aconsejar el sagrado culto los Confessores, y Directores de Almas, y à publicarle desde los Pulpitos los Predicadores mas zelosos: esparcieronse por toda la Francia nuevos libritos de piedad, que le ensalzaban; estamparonse Imagenes del Divino Corazon, expusieronse à la veneracion publica; consagraronsele Altares, erigieronsele Templos, fundaronsele Congregaciones con aprobacion de los Prelados, y de la Santa Sede; señalòse el dia despues de la Octava del Corpus, para celebrar con solemne pompa especial fiesta al mismo Deifico Corazon; promulgaron su Sagrado culto con sus Edictos los Ilustrissimos Arzobispos, y Obispos de Leon, Constancia, Besanzon, y Langres, y le señalaron Missa propria, la qual quisieron se insertasse en los Missales peculiares de sus Diocesis.

Toda

Toda la Orden del Gran P. San Benito en el Christianissimo Reyno abrazò este culto, con Oficio proprio, y Rito doble de segunda classe, y toda la esclarecida de la Visitacion de Santa Maria, tan interessada en este sagrado culto, (como nacido en sus Religiosissimos Claustros, à quienes ilustraba la V. Margarita, primero, y principal instrumento de esta grande obra) le empezò à celebrar publicamente en sus Iglesias con la mayor solemnidad, aviendo conseguido à este fin muchas Indulgencias de los Señores Obispos, y Sumos Pontifices, para los que visitassen sus Templos este dia; y para mostrar mas su piadoso afecto al Sagrado Corazon, le celebra un dia cada mes con Comunion de todas sus Religiosas.

De esta suerte florecia en Francia este Celestial culto, estendiendose por todas sus Provincias con grãde fruto de las Almas; quando la Divina Providencia dispuso un medio el mas eficàz, para dilatarle por todo

todo el Orbe Christiano. Fue este la cruelissima peste, con que afligiò la Divina Justicia al Christianissimo Reyno el año de 1721. porque de comun consentimiẽto, inspirado del Cielo, todas las Ciudades, afligidas del terrible azote, recurrieron, como à sagrado asylo, al benignissimo Corazon de Jesus: hizieron publico, y piadoso voto de celebrar todos los años su Fiesta las Ciudades de Marsella, Aìx, Aviñon, Tolòn, y Arles, aprobandolo sus Ilustrissimos Prelados, y exhortando con sus Decretos al mismo Sagrado culto; para cuya mayor solemnidad determinò el Ilustrissimo Arzobispo, Primado de Francia, que se celebrasse como Fiesta de precepto en toda su Diocesis el dia despues de la Octava del Corpus, dedicado al Sacrosanto Corazon, mandando se expusiesse en todas las Iglesias el Santissimo Sacramento, (imitado en esta singularissima demonstracion del Ilustrissimo Obispo de Tolòn) logrando por este

me-

medio preservar à su Provincia del contagio, que yà se iba arrimando à sus puertas, como lograron las Ciudades afligidas, por medio de sus piadosos votos, el disiparle despues de introducido en ellas.

Este sucesso acreditò de milagrosa la soberana proteccion del Divino Corazon; con èl se encendieron mas en la amante devocion de su Sagrado culto los animos, y afectos todos de los Señores Obispos, Principes, Magistrados, y Ciudades; de toda la Nobleza, Plebe del Christianisimo Reyno, y aun de otras Provincias fuera de èl, à quienes llegò esta felicissima noticia.

Assi logrò la amorosa Providencia de nuestro buen Jesus estender el culto de su amante Corazon por casi todo el Orbe Christiano: pudiendose dezir, que yà en nuestros dias se halla empeñada en su favor toda la piedad de el Christianisimo: porque tiene à su favor mas de quatrocientas Congre-

gre-

gregaciones dilatadas por toda la Europa, y aun la America: tiene à su favor las Provincias, en que estàn fundadas; es à saber, Francia, Italia, Alemania, Polonia, Bohemia, Lituania, Flandes, la China, Canada, y algunas Islas. Tiene à su favor muchas Iglesias, assi Seculares, Metropolitanas, Cathedrales, Colegiatas, Parrochiales; como Regulares de ambos sexos, de San Benito, San Bernardo, San Agustin, Santo Domingo, San Francisco, Carmelitas, Capuchinos, Compañia de Jesus, y otras muchas, en que estàn establecidas dichas Congregaciones.

Tiene à su favor mas de ciento y diez y siete Señores Arzobispos, y Obispos, que han aprobado con sus Edictos estas Congregaciones. Tiene à su favor muchos Principes Eclesiasticos, y Seculares, que han suplicado à la Santa Sede por la extension, y confirmacion de este Dulcissimo culto para toda la Iglesia, entre los quales sobresale mucho el Serenissimo Augusto Rey de Polonia, quien empeñò su soberana authoridad con el Santissimo Benedicto XIII. para que estendiesse à todo el Orbe este piadoso culto del Deifico Corazon de Jesus, à quien èl, y todo su Reyno estaban singularmente consagrados como à especialissimo Protector, y Celestial Patrono de toda Polonia.

En fin tiene à su favor à la misma Santa Sede, en mas de quatrocientos Breves, ò Bulas Pontificias, con que han aprobado dichas Congregaciones, y concedidolas facultad de celebrar un dia cada año Fiesta al Sagrado Corazon; honrandolas tambien con muchas, y grandes Indulgencias, que sirviessen à promover esta piadosa, y tierna devocion, los Santissimos Pontifices Clemente IX. Clemente X. Inocencio XII. Clemente XI. Inocencio XIII. Benedicto XIII.

y Clemente XII. Papa reynante.

De esta suerte se ha propagado el culto del Divinissimo Corazon de Jesvs, conducido, digamoslo assi, en Manos de su amable Providencia, à quien solamente se debe atribuir una commocion tan universal de los Fieles; pues no haviendo havido Reyno, Provincia, ò Familia alguna Religiosa, que haya tomado à su cargo con especial empeño esta piadosa causa, se puede dezir, que no reconoce, ni ha debido sus progressos à otro, que al mismo Jesvs; quien sin duda està declarado poderoso Protector, y unico Agente de este suavissimo culto; el qual suplican à su Bondad muchas Almas Españolas se digne establecer, y propagar tambien por nuestra España, como esperamos, y experimentamos yà. Y porque esta esperanza està solidamente fundada, y empiezan yà à descubrirse los efectos maravillosos del Corazon Sagrado, bien serà declarar brevemente la essencia de este Celestial culto, cuya explicacion mas difusa se dara tambien en lo restante de este Librito.

El mismo Jesvs nos la declarò en la revelacion referida, cuyas palabras (dignas de atenta reflexion) expressan el objeto, los motivos, y aun el principal exercicio de este culto; que tiene la recomendacion de ser Jesvs, no solamente su Author, sino tambien Maestro, que sin fiarla de los hombres, nos diò por sì mismo su genuina explicacion, è inteligencia.

El objeto de este culto, segun las palabras del Señor, es su Deifico Corazon, considerado como trono de su amor, y como blanco de las injurias de los hombres (esto simbolizan el trono de fuego, y demàs insignias, con que quiso Jesvs se delineassen las Imagenes de su adorable Corazon) los motivos son su ardentissimo amor, y las injurias, con que es correspondido: de donde consta, que

Veafe el Ca.4. Practica 6.

el

el culto del Corazon, ò ſu Eſſencia conſiſte en *correſponder al infinito amor con que nos ama ; y en reparar ſus ofenſas con quantos obſequios puede inventar la Piedad Chriſtiana.* Y porque en el Santiſsimo Sacramento ſe mueſtran mas patentemente el amor de Jesvs para con los hombres, y las malas correſpondencias de eſtos para con Jesvs; el principal exercicio de eſte culto es, el que mira à aquel ſu amante Corazon explicando finezas en la Euchariſtìa, y experimentando en ella al miſmo tiempo ingratitudes. Por eſſo ſeñalò Jesvs el dia deſpues de la Octava del Corpus para la celebridad de ſu Fieſta, y pidiò expreſſamente à la V. M. Margarita como principal obſequio la Comunion de eſte dia. Y aqui empieza yà â deſcubrirſe la maravilloſa excelencia de eſte dulciſsimo culto: por què quan excelente no ſerà un culto, que tiene objeto, y motivos tan ſoberanos? ni què motivos puede

ha-

haver mas eficaces para empeñar todos los afectos de nuestra devocion? ni què objeto se puede proponer mas amable, y poderoso para atraer los cariños de la Piedad Christiana?

CAPITULO II.

SOBERANA EXCELENcia del Corazon sagrado de Jesvs, objeto dulcissimo de este Culto.

DEclarado brevemente el origen, progresso, y essencia de este culto, conviene demonstrar aora su excelencia; la qual se conocerà lo primero por su objeto; lo segundo, por el fin à que se ordena: lo tercero, por los exercicios, que en èl se practican: lo quarto, por las utilidades, que de èl se siguen. Por todas estas conside-

de-

deraciones, ò respetos se mide la mayor, ò menor excelencia de qualquiera sagrado culto: por ellas descubrirèmos la de este del Corazon Deifico de Jesvs; no dudando afirmar, que entre todos los cultos, que solemniza la Santa Iglesia, no se hallarà alguno mas excelente, mas sublime, mas santo, ni mas util. Empezemos por el primer respeto del objeto, que se propone.

El objeto, pues, que se propone [illegible] este culto à la veneracion de los Fieles; es el Divinissimo, Santissimo, y Amabilissimo Corazon de Jesvs: no considerado como una cosa inanime, destituìda de vida, y de sentido, y separada de todo aquello, con que tiene indisoluble union; sino antes bien como un corazon, que vive, que siente, que ama, adornado de todas aquellas perfecciones, con que se halla en la Sacratissima Humanidad de Christo; junto con las demàs partes de su Cuerpo Sacrosanſanto (aunque como la mas noble, y principal entre todas) veſtido de todas las virtudes, dones, y gracias celeſtiales, que le hermoſean; informado de ſu Alma Santiſsima, y unido con la Perſona del Verbo, con quienes compone un ſolo adequado objeto de eſte culto: al modo que en la Fieſta del *Corpus* el objeto, à quien propria, y directamente ſe enderezan todos los Sagrados ſolemnes cultos de eſte dia es la miſma Carne, y Sangre del Santiſsimo Cuerpo del Señor (lo que acaſo muchos no avràn advertido) ſin que por eſſo dexen de mirar al miſmo tiempo; aunque indirectamente, y como hablan los Theologos, por concomitancia ſolamente al Alma, à la Divinidad, y Perſona de Chriſto, con quienes haze un ſolo objeto de eſta ſolemne Fieſta.

P. Burdalue Serm. in Solemnitat C. Chriſti.

Eſte es el ſagrado objeto del ſuaviſsimo culto del Corazon; es à ſaber, el miſmo Deifico Corazon de JESVS, tomado en el ſentido,

tido,

tido, que acabamos de explicar, cuya admirable excelencia se conocerà, considerandole, ò en sí mismo, ò en quanto dize relacion à los hombres. Considerado en sì mismo participa por una parte todas las excelencias, que la Sagrada Escritura, la Santa Iglesia, y los Santos Padres dàn à la Carne Purissima, y Santissima de Christo, quien las cifrò en aquellas palabras: *Qui manducat meam Carnem, & bibit meum Sanguinem, habet vitam æternam*: El que come mi Carne, y bebe mi Sangre, tiene la vida eterna. Ioan. 6.

Por otra parte tiene este sagrado Corazon, assi en el ser Physico, como en el Moral, muchas particularidades, que no conviniendo à otras partes del Cuerpo sacrosanto de Jesvs, elevan su excelencia sobre todas ellas, y le hazen, no solamente dignissimo de aquella veneracion, y culto, que se debe à las demàs (por la union hypostatica, que tiene, igualmen-

te

te que ellas, con el Verbo) sino acreedor tambien entre todas à otro mas especial sagrado culto por la especialidad de sus excelencias, y singulares prerrogativas.

La primera es, ser el Corazon la parte mas noble, y principal en el cuerpo humano; y no haviendo entre todas las cosas corporeas alguna mas divina, y excelente, que el Cuerpo Sacratissimo de Christo Jesvs, del qual es la parte mas noble, y principal su Corazon, consta lo que se debe juzgar de su excelencia.

La segunda es, ser el corazon humano principio de la vida natural del hombre: y siendo la de Jesvs de un precio inestimable, infinito, è incomprehensible; es consiguiente, que el Corazon, principio de la vida de este Hombre Dios, sea tambien de un precio excessivo, amable, è infinito.

La tercera es, ser el corazon la fuente de donde mana, y la oficina donde se forma, y perficiona

la

la ſangre ; con que ſiendo , como es , la de Chriſto Jesvs de tan infinito valor , que la minima gota baſtava à redimirnos ; bien ſe dexa entender de quanta excelencia ſea, y quan infinitamente digno de la veneracion de todos ſus redimidos, aquel Corazon Santiſsimo , Sagrada Oficina , y Celeſtial Fuente de eſta Sangre Diviniſsima , precio de nueſtra redencion.

La quarta particularidad , ò prerrogativa ſe ſaca de la union eſtrechiſsima , que eſte Deifico Corazon de Jesvs tuvo con ſu Alma Santiſsima ; y la mayor eſpecialidad de eſta excelentiſsima union conſiſte , en que refunda en el Corazon ſagrado caſi igual dignidad, y excelencia à la que goza el Alma Diviniſsima , por ſer el organo , è inſtrumento nobiliſsimo de todas ſus afecciones ; pues haviendoſe de medir la excelencia del Corazon por la del Alma , quan grande , y prodigioſa debe eſtimarſe?

La

La quarta, de la hypoſtatica, y ſubſtancial union con la Perſona del Verbo Divino; la qual diviniza, ò deifica al Sacroſanto Corazon de ſuerte, que el Corazon de Jesvs ſe llame con toda propriedad *Corazon de Dios*: eſta union fue la que daba infinito valor à las afecciones, commociones, y palpitaciones de aquel amantiſsimo Corazon; y ſi el hierro vil de una lanza, por ſolo haver herido el Corazon deifico de Jesvs, ſe hizo digno de la veneracion de los Angeles, de los hombres, y de la Igleſia miſma (la qual, en atencion à eſte contacto feliciſsimo, la ha inſtituido Fieſta particular, y Oficio proprio, con que publicamente la ſolemnize la devocion amante de los Fieles) què honor, què culto, y reverencia no ſe deberà al miſmo Corazon, cuyo contacto ſolo pudo dar à un hierro vil tanta excelencia?

La ſexta, del fin para que formò, y deſtinò à eſte Corazon Divinissimo la Beatissima Trinidad. Destinòle para volcan divino, ò sagrada esphera del amor de Dios, en cuyas inextinguibles, è infinitas llamas havia de vivir abrasado desde el instante primero de su formacion, hasta la interminable eternidad. Quien con luz del Cielo conociere algo del infinito amor de Jesvs à su Eterno Padre, podrà medir, y estimar por este conocimiento la excelencia de su Corazon sagrado, que continuamente forma, y padece los incendios de tal amor.

La septima excelencia de este dulcissimo Corazon se toma de la santidad indecible, que participa de la santidad del Verbo. Y aunque esta santidad sea comun à todas las partes del Sacrosanto Cuerpo del Salvador, por ser comun la union, que tienen todas con su Alma Santissima, y con la Divinidad; todavia tiene el Corazon, de especial, el ser cooperador en cierto modo, y proprio assiento

de

de todas las afecciones ſantas, en que ſe oſtenta eſta ſantidad; y ſer tambien ſagrado trono, ò domicilio, en que ſe reciben, y contienen los dones mas excelentes del Eſpiritu Santo en orden à los efectos ſenſibles, que producen.

Vemos, que en el corazon de los Santos ſe deſtila, è infunde la dulzura, y ſuavidad celeſtial: en èl ſe ſienten los dolores, y anguſtias, que Dios embia: del corazon ſalen los ſuſpiros ardientes: en el corazon ſe forman los deliquios del Divino Amor. Si el alma ſe enciende en algun extraordinario ardor ſagrado, al punto ſe ſiente abraſar el corazon en ſus celeſtiales llamas: ſi ſe halla penetrada de algun dolor vehemente, al inſtante ſe vè herido, y traſpaſſado el corazon del dolor miſmo. En fin, de qualeſquiera afecciones, delicias, anguſtias, ò penas interiores, de que ſe halla commovida el alma, ſe ſiente luego commovido el corazon. El es el aſsiento, to, el trono, el templo ſenſible del Eſpiritu Santo en el cuerpo humano. De todo lo qual ſon irrefragables teſtigos los corazones de San Franciſco Xavier, San Phelipe Neri, San Pedro de Alcantara, San Stanislao de KoſtKa, Santa Getrudis, Santa Clara de Monte-Falco, Santa Thereſa de Jesvs, Santa Madalena de Pazzis, y otros Santos.

Pues hallandoſe en la Humanidad Santiſsima de Chriſto eſtos dones, y gracias admirables, en grado tan ſuperior, y excelente, que juntos en uno todos los que admiramos en los corazones de los Santos, ſon nada en ſu comparacion; què debemos ſentir de la excelencia, y riquezas immenſas de ſantidad del Sagrado Corazon de Chriſto Jesvs, depoſito celeſtial de eſtos theſoros?

La octava, de ſer eſte Diviniſsimo Corazon principio, y domicilio proprio de las excelentiſsimas virtudes de Jesvs. La miſma

luz

luz natural, y las Sagradas Letras en repetidos teſtimonios nos enſeñan, que todas las virtudes que convienen al alma, comunmente ſe atribuyen al corazon; de ſuerte, que con la miſma propriedad, que en el alma ſe hallan la paciencia, la manſedumbre, la humildad, &c. ſe puede dezir, que el corazon es paciente, manſo, humilde, &c. y como la excelencia de las almas ſe mide por la de ſus virtudes, aſsi tambien la excelencia de los corazones. Y de aqui nace, que los corazones de los grandes Heroes en ſabiduria, valor, y principalmente en ſantidad, ſe eſtimen, y veneren como alhajas las mas ricas, y reliquias las mas precioſas, que nos dexò ſu muerte. Pues quien podrà medir, ni comprehender la excelencia del Corazon Santiſsimo de JESVS, Fuente de todas ſus virtudes, ſiendo eſtas del todo incomprehenſibles?

La ultima particular excelencia

de este soberano Corazòn se toma finalmente de ser la cosa criada, que mas ha contribuìdo, contribuye, y contribuirà eternamente à la mayor gloria de Dios. Porque de esta Divina Fuente dimanan, como se ha dicho, todas las santissimas afecciones de vn Dios Hombre, con las quales es infinitamente ensalzada la Divina Gloria. Y siendo tanto mas agradable à Dios (y por consiguiente mas digna de el amor, y veneracion de los hombres) qualquiera cosa, quanto mas contribuye à su gloria; siguese, que al Corazòn sacrosanto de Jesus se le debe vn amor, vna veneracion, y culto el mas singular sin duda, y aùn el summo entre las demàs cosas criadas.

Estas son las principales prerrogativas, en que mas gloriosamente campèa, y sobresale la soberana excelencia de el Deifico Corazòn de Jesus considerado en sí mismo; las quales, si se pesaren con la debida reflexion, daràn à conocer bien claramente, ser el objeto de este piadosissimo culto la cosa criada mas excelente, y digna de religiosa veneracion, que puede ofrecer à los Fieles la Santa Iglesia; cuya verdad se ilustrarà mas, si consideramos este Divino Corazòn en quanto dize relacion à los hombres.

Porque què cosa puede presentarsenos mas digna de nuestra devocion amante, que el Corazòn amantissimo de Jesus? Què cosa mas dulce, mas tierna, y mas amable? En este Sacratissimo Corazòn estàn escritos, digamoslo assi, ò impressos los infinitos beneficios, que Jesus ha hecho à los hombres. Allì se miran sagradamente esculpidos los immensos trabajos, dolores, y penas, que padeciò por todo el genero humano. Miremos compassivos elCorazòn sagrado de Jesus, oprimido por amòr de los hombres con tantos, y tan acerbos dolores, que puede assegurarse con toda verdad, que solo èl

pa-

padeciò por nuestro amòr mas que todos los otros miembros juntos de su sacrosanto Cuerpo.

Es indubitable, que la Passion de Jesus en lo interior fuè mas penosa incomporablemente, que en lo exterior; como tambien es cierto, que toda la pena interior fuè en el sagrado Corazòn, al qual, como à su centro, concurrieron todos los dolores de su Alma Santissima. Y assi la tristeza bastante, como èl dixo, para causarle la muerte, el desamparo de el Eterno Padre, el dolor de nuestros pecados, el temor, tedio, pavor, fudor de sangre, quanto acerbo, quanto amargo, quanto cruel, quanto terrible padeciò Jesus en el Huerto, en el discurso de su Passion, y en la Cruz, todo fuè Caliz amargo de su amantissimo Corazòn principalmente: todo aquel pielago immenso de dolores, todo se juntò en su afligidissimo Corazòn.

Marc. cap. 14.

Mirèmos con atenta, y piadoſa reflexion à eſte Deifico Corazòn, por vna parte commovido, y afligido vehementemente por nueſtras miſerias; condolido, y atribulado amargamente por nueſtros pecados, y por otra ardiendo en vivas llamas de nueſtro amòr, abraſado en ſus incendios deſde el primer inſtante, en que empezò à vivir. Contemplemos à eſte Corazòn, en quien eſtuvieron de aſsiento los medios, y conſejos todos, que tomò Jeſus, dulciſsimo Salvador de las almas, para nueſtra felicidad eterna: de el qual, como de ſagrada Fuente manaron los bienes, que al preſente goza el linage humano, y todos los que ha de gozar por vna eternidad interminable, y eternamente feliz. Conſideren eſto los Fieles, y no avrà corazòn tan de yelo, ò de diamante, que no le ablande, y encienda en el amòr, veneracion, y culto de el Corazòn amabiliſsimo de Jeſus,

Reſta otra conſideracion, que deſ-

descubre vn nuevo motivo de nuestro amòr al Dulcissimo Corazòn; y consiste en ser este, para dezirlo assi, el tàlamo dichoso, en que fuè concebida, y formada la Santa Iglesia; en ser la saludable Fuente, de que manaron los siete Sacramentos; y en convenirle quantas prerrogativas, y Mysterios veneran los Santos Padres en la herida de el Costado: porque el duro hierro de la Lanza, que abriò el Costado derecho de Jesus, atravessando el sagrado Pecho, penetrò hasta herir su amante Corazòn, atestiguando esta verdad muchos Santos Padres, Doctores, Theologos, è Interpretes, muchas Revelaciones de Santos canonizados, y confirmandola la misma Santa Iglesia, quando dize: *In Corde Christi mergitur mucro leone sævior: de forti fons exoritur, cibusque melle dulcior.* In Offic. Lanc. & Clav.

De aquì nace, para incentivo de nuestro amòr, vna reflexion propria de las almas, que aspiran à vna elevada perfeccion ; y es, que en el Corazòn de Jesus, abierto con el cruel hierro de la Lanza, hallan vn segurissimo, y soberano asylo las almas puras, y verdaderamente amantes ; pues à esse fin fuè herido, como lo revelò Maria Santissima à su devotissima Hija la V. Madre Maria de Agreda, ilustre honor de nuestra España, exortandola à refugiarse à este Celestial Sagrario, con las palabras siguientes: ,, Mi Hijo, y Señor,

Part. 2. lib. 6. cap. 24. num. 1451.

,, por el amòr ardentissimo, que ,, tuvo à los hombres, sobre las ,, Llagas de los Pies, y Manos, ,, quiso admitir la de el Costado so- ,, bre el Corazòn ; que es el assien- ,, to de el amòr, para que por aque- ,, lla puerta entrassen, como à gus- ,, tarle, y participarle en la mis- ,, ma Fuente, y allì tuviessen las ,, almas su refugio, y su consuelo. ,, Este solo quiero yo, que bus- ,, ques en el tiempo de tu destier- ,, ro, y que le tengas por habitá- ,, cion segura sobre la tierra: allì ,, apren-

„ aprenderàs las leyes , y condi-
„ ciones de el amòr.

Y el mismo Jesus nos combida à buscar el mas suabe refrigerio de nuestros afanes , y fatigas con aquellas dulces palabras : *Venid à mì todos los que trabajais , y estais cansados , que yo os recrearè* ; nos exhorta tambien à cursar afectuosos la Sagrada Escuela de su amanta Corazòn , en que dicta como Maestro Divino lecciones de la mas alta perfeccion , y sabiduria , diziendonos: *Y aprended de mì , que soy manso , y humilde de corazòn* ; y concluye finalmente , assegurandonos , que en èl *encontrarèmos el mas feliz descanso para nuestras almas.* Math. 11.

Ibidem.

Quan frequente , y familiar fuesse à los Santos mas enamorados de Jesus el acogerse al celestial retiro de su Sacrosanto Corazòn, constarà con solo leèr las Vidas , ò escritos de algunos de ellos. El dulcissimo P. S. Bernardo explica sus piadosos afectos al Corazòn de Jesus en esta forma : „ Porque he-

Tract. de Passion. cap. 3.

 „ mos

„ mos llegado al dulcissimo Cora-„ zòn de Jesus, y es bueno per-„ manecer aquì; no dexemos, que „ cosa alguna nos aparte de este „ Divino Corazòn. O què bueno „ y agradable es habitar en este „ Corazòn! ::: Quien no amarà „ este Corazòn tan herido? Quien „ no corresponderà amante à quien „ tan finamente le ama?

El Seraphico Doctor San Buenaventura, abrasado en amòr à las Sacratissimas Llagas de Jesu-Christo, dize assi entre mil otros afectos: „ De quanta dulzura piensas que „ goza el alma, que entra por „ el Costado abierto de Jesus, has-„ ta juntarse con su Divino Cora-„ zòn? Ciertamente no puedo de-„ clararlo; pero procura experi-„ mentarlo ::: O bienaventurada „ Lanza, y bienaventurados Cla-„ vos, que merecieron hazer tales „ heridas! O si yo huviera sido „ aquella Lanza! no huviera que-„ rido salir de el Costado de Jesus; „ y diria: Este es mi descanso en

Stim. Divin. Amor cap. 1.

„ los

,, los ſiglos de los ſiglos ; aqui ,, habitarè, porque elegì eſta morada.

El doctiſsimo, y piadoſiſsimo Padre Franciſco Suarez, de la Compañia de Jeſus, dize aſsi: ,, Quiſo ,, Chriſto ſer herido en aquella parte de ſu Cuerpo, de donde manifeſtaſſe ſu Corazòn à los hombres, para que entendieſſen, que tenian abierta la puerta, por donde pudieſſen entrar al Corazòn de Chriſto, y deſcanſar en èl.

In 3. part. tom. 2. diſput. 41. ſect. 1.

Pero quien guſtò con regaladiſsima ſuavidad las delicias de eſte amabiliſsimo Corazòn, fueron algunas de las Eſpoſas mas queridas de Jeſus: entre otras Santa Gertrudis (à quien favoreciò ſingularmente ſu Celeſtial Eſpoſo, deſcubriendola las riquezas de eſte Sagrado Theſoro) como embriagada de el amòr de el Divino Corazòn, dize aſsi: ,, Deſpues, Jeſus mio, de ,, tan inexplicables beneficios, como de vueſtra Bondad he recibido,

Inſin. Divin. Piet. lib. 2. cap. 23.

„ bido, añadiste la inestimable fa-
„ miliaridad de tu amistad divina,
„ dandome de mil modos aquella
„ Arca nobilissima de la Divini-
„ dad; esto es, vuestro Corazòn
„ Deifico, compendio de todas mis
„ delicias; vnas vezes me dais gra-
„ ciosamente vuestro Divino Cora-
„ zòn: otras, para mayor indicio
„ de familiaridad mutua, trocais
„ vuestro Corazòn con el mio.

En las Revelaciones de Santa Methildes se leen estas expressiones de el Corazòn de Jesus: *Respondiame el Señor* (dize la Santa) *te doy mi Corazòn en prendas; te doy mi Corazòn para casa de refugio. Este era vno de los principales dones de Dios, Empezò à aficionarse con maravillosa devocion al Corazòn Divino de Jesus; y casi siempre que Christo se la aparecia, recibia algun dòn especial de su Corazòn.* Estas son, entre muchas otras, que omitimos, las devotissimas expressiones, en que explican los Santos su encendido amòr, su ternura afectuosa,

Lib. 1. Revel. cap. 28.

tuosa, y su veneracion reverente al dulcissimo Corazòn de nuestro buen Jesus; y todas son nuevos titulos, que nos reencomiendan grandemente su sagrado culto.

De quanto dexamos dicho en este Capitulo se puede yà formar algun concepto de la soberana excelencia de el Corazòn Divinissimo de Jesus. Midase aora por esta la que participa de tan divino objeto el culto, que vamos explicando: cotejese este con todos los otros solemnes cultos, que hermosean à la Santa Iglesia; y no se hallarà otro alguno mas excelente, mas noble, ni mas sublime; pues ninguno otro tiene objeto mas soberano, de quien participar sus excelencias, como ni tampoco mas tierno, mas dulce, ni mas poderoso para arrebatarse suavemente los corazones de los Fieles. Porque què atractivo mas eficàz, que el Corazòn amabilissimo de Jesus? Sola su vista, el nombre solo de este amante Corazòn basta à encender,

cender, à derretir, à enternecer toda la alma, sin otra rethorica, ò persuasiva de vozes.

Porque ciertamente, al considerar, què es lo que haze en nosotros la misma naturaleza, què afectos, què sentimientos nos inspira para con los corazones de aquellos, à quienes nos confiessa estrechamente obligados el amòr, el agradecimiento, ò la veneracion; al considerar, què siente, è experimenta en sì vna regalada esposa à vista de el corazòn, que la dexò en prendas de su amòr su querido esposo; al considerar, què siente vn fiel Vassallo, ò un Privado agradecido à la presencia de el corazòn de su Rey, que en su muerte le dexò su dignacion en testimonio de su Real benevolencia; al considerar què siente la piedad Christiana, à què afectos de veneracion tan especiales no se mueve para con los corazones de algunos Santos, que adora en sus Iglesias como Reliquias las mas insignes; y

(pa-

(para hazer mas patente esta verdad con el exemplo, que tiene à los ojos nuestra España) al considerar, que el corazòn Seraphico de Santa Theresa, por aver sido esphera de aquel incendio de amòr, à quien el dardo de un Seraphin amante diò respiracion en vna herida; (cuyas cicatrizes conserva hasta oy incorrupto) al considerar, digo, que este abrassado Corazòn es imàn de los afectos, objeto de las veneraciones, y delicias de la devocion mas tierna de los pechos Españoles (cuya piedad se gloria de verse confirmada con la aprobacion de la misma Santa Iglesia en la fiesta de la *Transververacion* de este Corazòn Seraphico, instituìda por la Santidad de Benedicto XIII. y nuevamente estendida à todos los Reynos de España por N. S. P. Clemente XII.) al considerar todo esto, confiesso ciertamente temiera agraviar à la razòn, y à la piedad de los Fieles, si juzgasse necessario, valerme de

Ex Decret. dat. 11. Decemb. 1733.

pa-

palabras, y razones, para persuadirles el amòr, el culto, y la veneracion, que se debe à este Amante, y Divino Corazòn de Jesus, nuestro Esposo, nuestro Rey, nuestro Salvador; porque, ò Dios! quanto và de Corazòn à Corazones!

Piense bien qualquiera, que esto leyere, y considere atentamente, quanta sea la diferencia, quanto el excesso, quantas las ventajas, que haze el Corazòn de Jesus à todos los demàs corazones; que, aùn quando fuessen tan santos, no solo como el de vna Santa Theresa, humano Seraphin, pero aùn quando llegassèn à igualar al Corazòn purissimo, santissimo, y perfectissimo de Maria Santissima, cuya santidad prodigiosa la pierde de vista el entendimiento de el Querubin mas supremo, aùn entonces quedarian infinitamente inferiores, por ser corazones de puras criaturas, y el de Jesus Corazòn de vn Dios Hombre. Piense, te, pues, buelvo a dezir, y consultese à sì mismo, què honor, què reverencia, què culto se deba à tan Divino Corazòn? Contemple bien, què haria el Pueblo Christiano, si mereciesse la dicha incomparable de tener en su poder à este sacrosanto Corazòn, digno por tantos titulos de nuestro amòr, y veneracion.

Imagine, ò haga cuenta, que en vna Iglesia de la Christiandad se guardasse entre sus mas preciosas Reliquias elCorazòn Divinissimo de Jesus: O Dios! quanto se apreciaria este Celestial Thesoro! quan rico, quan dichoso! quan afortunado se estimaria aquèl Sagrado Templo! Què honores, què obsequios, què respetos no se le rendirian! Con què pompa, con què alegria, con què jubilo no se celebraria la Fiesta del Corazòn sacrosanto! Qual seria el concurso de todas las Naciones? Qual el ansia de los Peregrinos? Quanta la solicitud de buscar, quanto el deseo

de

de vèr ; quanto el empeño de adorar, quanto el ardor de besar tan soberana Reliquia?

Pues preguntese aora cada vno à sì mismo, si esto se haria, y se debiera hazer con el Corazòn de Jesus muerto, sin sentido, separado de el Alma, y demàs partes de su Cuerpo Santissimo; què culto, què amòr, què veneracion no se deberà à este mismo Corazòn vivo, animado, vnido con todo el cuerpo sacrosanto, ardiendo en vivas llamas de amòr, y respirando en cada palpitacion vn incendio de tan sagrado fuego; presente enfin, no solo en vna Iglesia, sino en tantas, quantas son, en las que venera à su Dios Sacramentado el Christianismo? O Corazòn Divinissimo, excelentissimo, amabilissimo sobre todos los corazones de los hombres! Embiad Vòs à sus entendimientos vn rayo de celestial luz, con que penetren bien estas verdades: no serà menester mas persuasiva para

que

que os amen, y consigais el fin, que pretendeis en este culto.

CAPITULO III.

FIN SANTISSIMO A QUE se ordena este Sagrado Culto.

EL segundo respeto, por cuya excelencia se debe medir la de este culto, es el fin altissimo à que se ordena. Declaròle Jesus à la V. Margarita en las palabras de la revelacion yà referida; y es, corresponder al infinito amor de su amantissimo Corazon, y compensar las injurias, que recibe de nuestra ingratitud, especialmente en el Sacramento del Altar. Para penetrar mejor la excelencia de fin tan soberano, pongamos delante por una parte el amor infinito del Corazon Deifico de Jesus para con los hombres ; y por otra la ingratitud de los hombres para con Jesus , especialmente en el Augustissimo Sacramento de la Eucaristìa ; pues comparando extremos tan contrarios , se dexarà vèr mejor, quan justa sea la quexa del Señor, y quan debido , y digno de vn corazon Christiano el desagravio de sus injurias.

El amor de Jesus para con los hombres , se expressa bien , apropriandole aquellas palabras , en que cifrò el Señor mismo el de su Eterno Padre à los mismos hombres; pudiendose dezir con toda propriedad : *Sic Iesus dilexit mundum, vt se ipsum daret.* De tal suerte amò Jesus al Mundo ; esto es , con tan excessivo amor, que se diò à sì mismo para salvarle. Puede dezirse mas?

Ioan. 3. 16.

Jesus , aquel Señor infinito, Hijo del Eterno Padre , Criador de todas las cosas, suficientissimo para sì , que de nadie necessita, amò à los hombres , por su natu-

raleza

raleza vilissimos, indignissimos de ser amados. A los hombres, quando yà la Divina Justicia los avia arrojado, y estaban sepultados en el asqueroso cieno del pecado: à estos hombres tan viles, tan feos, y tan dignos del odio de Dios, amò Jesus; pero con què amor? Con vn amor tan encendido, y vehemente, que no puede explicarse con palabras, ni concebirse con el pensamiento.

Nos amò Jesus con tal excesso, que parece estaba abrasado con vn amor divinamente ciego, si es licito hablar assi. Nos amò desuerte, que se entregò à vna muerte afrentosa, y à ser crucificado por nuestra salvacion, despues de aver padecido inumerables deshonras, dolores, y penas. Se anonadò en la Encarnacion, tomando forma de siervo en fuerza de este amor; naciò en vna extrema pobreza; passò toda su vida en trabajos, peligros, persecuciones, incomodidades, y en todas las miserias, à que esta expuesta la naturaleza humana, teniendo su amor por fin en todos estos trabajos la salvacion de los hombres: *Ut omnis habeat vitam æternam.* Padeciò Jesus por nuestro amor la muerte; pero què muerte? Acuerdate, ò alma Christiana, de las cadenas, con que fue aprisionado; de las bofetadas, salivas, azotes, espinas, y finalmente de la Cruz, en que fue clavado: acuerdate, y pasmate, de que el Señor de la Magestad llegasse à tal estremo por amor de los hombres. O amor inmenso! O violencia increible del amor! O caridad digna solamente de vn Hombre Dios!

Ioan. ibid.

Què no debiera hazer vn corazon Christiano, si le fuera licito bolver à gozar de la regaladissima presencia de este Señor! Què no hiziera con èl, si à tanto excesso de finezas se dignasse su Divina Bondad de añadir la singularissima de bolver à conversar, y habitar entre nosotros! Quien no desearia

este

este favor tan grande, y excessivo, para mostrarle su amoroso agradecimiento, y fiel correspondencia à este amor, que nos mostrò al ausentarse de nosotros en su muerte!

Estas amantes ansias, y deseos las previno el amantissimo Jesus, añadiendo à tantas muestras de amor esta, que bastaba à suspendernos de admiracion, quedandose con nosotros en el Divinissimo Sacramento del Altar. Aora pregunto: Què debiera esperar Jesus de nosotros à vista de tal fineza? Si possible fuera, debieramos hazer lo que los Serafines; esto es, abrasarnos incessantemente en las ardientes llamas de su amor, ò morirnos de agradecidos.

Pero qual es nuestra correspondencia al amor ardiente de Jesus en este tiernissimo Mysterio? Si empezamos por los Hereges, què lagrimas seràn bastantes para llorar las injurias, y desacatos, que han hecho a este Sacramento? Los mas niegan este inestimable beneficio, y afirman ſacrilegos, que Jeſus no reſide en nueſtros Templos, y Altares. Ay del Mundo! ſi no eſtuviera eſte amoroſiſsimo Señor entre noſotros, como Dios amante, y victima, que aplaca las juſtas iras del Eterno Padre! A eſta heretica ceguedad, è increible injuria, con que no ſolo no agradecen, antes niegan aver recibido tan imponderable beneficio, ſiguen los ſacrilegios, que ſon inexplicables. Roban, encienden, y arruinan los Templos, en que habita Jeſus Sacramentado; profanan de mil modos los Vaſos Sagrados, rompen las Aras, echan por tierra los Tabernaculos del Altiſsimo, y dàn cruel muerte à ſus Sacerdotes: ſe atreven ſacrilegos à arrebatar con ſus manos profanas el Sacroſanto Copòn, que ſirve de Cielo al miſmo Dios Sacramentado: y lo que no puede eſcrivirſe ſin doloroſo aſſombro, arrojan en tierra el Sacratiſsimo Cuerpo del Señor, le piſan, y acozean; y por viliſ-

pendio

pendio el mas infernal, que ni imaginarse puede sin vn sagrado horror, dàn el Pan de los Angeles à sus perros, y cavallos. O abysmo profundissimo de maldad! O amabilissimo Jesus! hasta donde os ha llevado el amor de los hombres! O Rey de la Gloria! à què estado os ha traido el deseo de quedaros con nosotros en el Santissimo Sacramento de la Eucaristia.

Esto, y mucho mas hazen ciegos, y sacrilegos los Hereges. Pero los Catholicos, que creen, y adoran à Jesus en el Santissimo Sacramento; què indicios de amor, reverencia, y culto rinden à este Señor amorosissimo? Si gastassen todas sus riquezas en Sagrados cultos à Jesus; si nunca se apartassen de la presencia de Jesus; si estuviessen siempre postrados con suma reverencia delante de Jesus Sacramentado; si pensassen continuamente en Jesus; si hiziessen quanto puede alcanzar el entendimiento humano por amor de Jesus; si hiziessen en fin todo lo que el mismo Jesus pide à los hombres en correspondencia de su amor; aun con todo esto nada harian digno de tan gran Huesped, de tan benevolo Amigo, y de Bienhechor tan insigne. Mas ay, dolor!

Tan lexos estàn los Catholicos de hazer lo que hemos insinuado, que ni aun les debe Jesus, en su Sacramento de amor, las señales mas comunes de benevolencia, y obsequio, que se observan entre los hombres mismos. Jesus Sacramentado habita en inumerables lugares de la Christiandad mas pobre, y miserablemente, que los hombres de mediana, y aun de infima esfera en sus casas. De los Palacios de los Poderosos, què puede dezirse, ni compararse con los Templos Sagrados de nuestro Dios Sacramentado? Quantos de aquellos exceden incomparablemente à estos en la magnificencia, riqueza, y adornos? Assi se corresponde

ponde entre los Catholicos al amor, y finezas de Jesus en este Sacramento.

Muchos Christianos viven en tan profundo olvido de que Jesus reside en los Altares, y Templos solo por nuestro amor, que no les debe ni aun siquiera vna memoria estèril de este infinito beneficio. Quantos se hallan, que en muchos dias no hazen vna visita al Santissimo Sacramento? Quantos, que en muchas semanas no entran en el Templo? Quantos, que en todo el año no reciben la Sagrada Eucharistía? Son inumerables.

Què dirè de las irreverencias? Què de los sacrilegios? Què de otros pecados, que se cometen manifiestamente en los Templos contra Jesus, Rey de la Gloria? Basta dezir, que no ay Principe, por pequeño que sea, en cuya presencia no estèn los hombres con mas respeto, que en la Casa de Dios, y á vista suya. No ay cosa mas frequente, ni mas lastimosa, que

vèr

ver à muchos Catholiços, aun en el tiempo mismo de el Santo Sacrificio de la Missa, estar yà en pie; yà con sola vna rodilla en tierra; yà sentados inmodestamente; yà hablando libremente; yà mirando curiosamente à todas partes; yà saludandose vnos à otros; yà conversando sin reverencia, ni atencion al Dios de la Magestad, en cuya presencia estàn; yà, en fin, portandose en todo con la misma libertad, que si estuvieran en las plazas, ò en las calles. Assi reverencian los Catholicos à Jesus Sacramentado en sus Templos.

Mas què dirè de los que se llegan à la Sagrada Eucaristìa, en la qual se nos dà Jesus, abrasado en nuestro amor? Unos llegan con suma frialdad; otros ni aun llegar quieren à esta Sagrada Mesa, sino compelidos de las censuras de la Santa Iglesia; otros reciben al Señor en pecado mortal con horrendo sacrilegio. Muchos se alimentan de este Pan de

Angeles,

Angeles, sin amor, sin devocion y sin preparacion, como si fuera vn manjar puramente para saciar el apetito.

Què dirè del Sacrosanto, y tremendo Sacrificio de la Missa? Muchos Sacerdotes le consideran solo como vn oficio vtil para enriquecerse à poca costa; llegan al Santo Altar sin preparacion alguna, y dizen la Missa atropelladamente, sin observar muchas de las Rubricas de la Santa Iglesia; manejan, tocan, y mueven el Sacrosanto Cuerpo de Jesus, como si fuera vn vil pedazo de pan; con tanta irreverencia, que llena de pasmo, assombro, y horror à los mismos Angeles. Muchos de los demàs Fieles assisten à este tremendo Sacrificio con negligencia, distraccion de espiritu, y tibieza digna de llorarse con lagrimas de sangre. Esta es la correspondencia de los Catholicos à la fineza del amor, con que les ama Jesus.

O! què sentirà su Corazon aman-

amantissimo, al verse tan ingratamente correspondido! Si supiessen esto los Infieles, y aun las Gentes mas barbaras, exclamarian, sin duda, horrorizadas de tanta ingratitud: O Pueblo Christiano, ingrato, rebelde, y desconocido à tanto amor! Tienes corazon de carne, como los demàs hombres, ò antes bien de hierro, y de diamante, pues no te ablandan, ni el fuego de tanto amor, ni el golpe de tantos beneficios? Semejante insensibilidad es de hombres, ù de fieras? O Corazon amabilissimo de Jesus! el mas noble, el mas generoso, el mas tierno de todos los corazones! Quales, pues, seràn tus sentimientos! Quan acerbo tu dolor, al vèr tan despreciado tu amor! Y para dezirlo assi, burladas en cierto modo tus finezas? Esto han logrado, Jesus mio, tus deseos? En esto han parado tus trabajos, tus penas, tus sudores, tus vigilias, tus tormentos, y aun la muerte de Cruz?

Con

Con justissimo sentimiento se quexaba Jesus à su querida Esposa Margarita, mostrandola su Corazon, y diziendola: *Vès aqui mi Corazon; aquel Corazon tan abrasado en amor de los hombres, que no omitiò cosa alguna, para declararlos su infinito amor.* No solo no omitiò el Corazon de Jesus cosa alguna para mostrarnos su amor, sino que executò excessos, y finezas indecibles. Pudo Jesus salvarnos con sola vna de sus lagrimas, ò vna gota de su preciosa Sangre; y nos redimiò à costa de tan inmensos trabajos, como hemos insinuado: y aun hallò su amor otro modo mas excelente de manifestarse, quedandose con nosotros en el Santissimo Sacramento para alimento de nuestras almas, y consuelo de nuestros corazones. Què correspondencia no pudo esperar Jesus de los hombres? *Pero la mayor parte* (añadiò en su amorosa quexa) *no solo no se muestran agradecidos, sino que me desprecian, y me hieren en este*

Mysterio

Mysterio de amor con injurias, y afrentas. Y el mayor dolor es, que padezco estas injurias, y ultrages aun de las personas, que me estàn especialmente consagradas.

Herido vivamente el amantissimo Corazon de Jesus de las ingratitudes de los hombres, pide à la piedad de los Fieles suavizen su dolor, recompensen sus injurias, y resarzan su honra vulnerada con tan sensibles ofensas. Si ay quien desee saber la recompensa, que desea Jesus por lenitivo de su affigidissimo Corazon, yà la señalò èl mismo en la peticion, que en la V. Margarita hizo à toda la Iglesia, pidiendola especial oficio, y culto, para desagraviar su Corazon ofendido, con estas palabras: *Te pido, que el Viernes immediato à la Octava de la Festividad del Corpus se dedique particularmente al culto de mi Corazon; en el qual dia, comulgando, se compensen de alguna manera las injurias cometidas contra mi Corazon amante en el Sacramento*

del

del Altar; especialmente en los dias que estoy expuesto à la veneracion de los Fieles.

Què cosa mas justa, que esta quexa amorosa dèl amantissimo Jesus? Què expressiones mas vivas, y poderosas para mover nuestros corazones? Si tenemos algun sentimiento de fee; si tenemos algun sentimiento de piedad para con nuestro Salvador, podràn dexar de conmoverse nuestros corazones con las tiernas quexas, y amantes expressiones de Jesus? Podràn dexar de hazer todos los esfuerzos possibles, para satisfacer sus amorosas ansias, y deseos? A todos, y à cada vno de nosotros en particular nos dize, como à su Esposa Margarita: *Te pido, que el Viernes inmediato à la Octava de la Festividad del Corpus, se dedique particularmente al culto de mi Corazon.* Avrà quien niegue à Jesus tan amorosa, y justa peticion? O dulcissimo Jesus! yo consagrarè todos los dias de mi vida àl culto de

vuestro

vuestro Santissimo Corazon el Viernes inmediato à la Octava del Corpus, para reparar vuestras injurias; yo procurarè con mis dèbiles fuerzas, que executen lo mismo todas las Almas, con quienes vuestra Magestad se dignare darme algun credito.

De la comparacion hecha en este Capitulo (para venir finalmente à su conclusion) entre el amor del Corazon de Jesus, y las ingratitudes de los hombres, consta, quan justa sea su amorosa quexa, y quan grande nuestra obligacion de resarcir sus ofensas. De donde se infiere consiguientemente, quan proprio sea de vn animo Christiano corresponder à las finezas de aquel amante Corazon, y desagraviar con todo genero de obsequios sus injurias; en lo qual, como al principio se dixo, consiste el fin soberano de este culto.

Ponderese con atenta reflexion la grandeza, y santidad de fin tan alto, y por esta se podrà formar

algun

algun concepto de la excelencia, y dignidad de el culto, que à èl se dirige. O corazones, quantos os preciais de generosos! en el culto de este Rey de los Corazones tiene digno empleo vuestra generosidad. O Corazòn Divinissimo! si moviesseis à algunos de aquellos vuestros siervos, que buscan en todo la mayor gloria de su Dios, para que bolviessen por la vuestra, tan indignamente ofendida! O Jesus dulcissimo! si inspirasseis à vuestra amada Esposa la Iglesia Santa, que ella misma se emplease en los desagravios de vuestro Sacrosanto Corazòn, ingratamente injuriado; y empeñasse à todos sus Fieles, y verdaderos hijos en su sagrado culto, para reparar de algun modo las malas correspondencias, que sufre vuestro amòr, injustamente vltrajado, y desatendido de los hombres, especialmente en el adorable Sacramento de el Altar, Mysterio verdaderamente de el amòr de vuestro amantissimo Corazòn!

CAPITULO VI.

PRACTICA DE ESTE ſuaviſsimo Culto, y vtilidades, que de èl ſe ſiguen.

PARA acabar de conocer perfectamente la excelencia de el ſagrado culto de el Corazon Divino de Jeſus, reſta conſiderarle por los dos vltimos reſpetos, que propuſimos arriba; y ſon, los exercicios, que en èl ſe practìcan, y le conſtituyen, y las maravilloſas utilidades, y frutos, que de èl ſe ſiguen. Y porque la grandeza de eſtos ſe conocerà mejor explicando aquellos, propondrè primero el vſo, ò practica de eſte dulciſsimo culto.

El culto, pues, de el Sacratiſsimo Corazon de Jeſus puede ſer in-

interior, y exterior. El interior consiste en el exercicio de la memoria, entendimiento, y voluntad, acerca de el mismo Deifico Corazon. La memoria debe acordarse familiar, frequente, y amorosamente de este Divinissimo Corazon; y de sus admirables perfecciones. El entendimiento debe exercitarse en el conocimiento de sus soberanas excelencias, pensando, y penetrando bien quanta sea su dignidad, su santidad, y perfeccion; quantos thesoros de gracias celestiales estàn depositados en este Sacrosanto Corazon; quanto padeciò por la gloria de Dios, y salvacion de los hombres; quan amado es de toda la Santissima Trinidad; y en fin, quan digno sea de nuestra veneracion, y amòr. Este conocimiento de la amibilidad de el sagrado Corazòn de Jesus, que es el fundamento de el culto, que vamos explicando, se imprimira en el alma con la meditacion de sus infinitas excelencias, las que con este fin procuramos insinuar en el Capitulo segundo, que podràn subministrar materia bien fecunda à las almas, que tratan de oracion.

La voluntad seguirà al conocimiento con los afectos, que corresponden; à la infinita excelencia de este sagrado Corazòn, à su dignidad suprema, à todas sus perfecciones, con vna grande admiracion, glorificacion, y alabanza; al infinito amòr para con los hombres con amòr ardiente, y agradecido; y assi otros innumerables afectos, que el amantissimo Jesus se dignarà infundir en nuestras almas.

Y estando ciertos, que no ay cosa mas amada de el Eterno Padre entre las criaturas, que el Corazòn Sacrosanto de su Divino Hijo, nos valdrèmos de el mismo sagrado Corazòn para hazer nuestras accionès mas acceptas, y agradables à la Divina Magestad, vniendo quanto hizieremos, ò padecieremos con

lo

lo que hizo, y padeciò el mismo Divino Corazon de Jesus. Por este dulcissimo Corazòn podemos adorar, alabar, dàr gracias, pedir beneficios, y perdon de nuestras culpas; no dudando conseguiràn el efecto deseado nuestras suplicas, si nos valemos de este Soberano Corazòn para con toda la Santissima Trinidad; pues es el objeto de las complacencias de todas las tres Divinas Personas: assi lo practicaba, y enseñaba el dulcissimo espiritu de San Francisco de Sales, como se puede vèr en muchas de sus Cartas espirituales.

Part. I. Epist. Lib. 1. Epist. 1. Libr. 4. Epist. 1. 63. 64. 65. & 71.

Finalmente, cotejando el infinito amòr, con que se abrasaba el Corazòn de Jesus para con los hombres, con la ingrata correspondencia de estos; y considerando, que nosotros somos de el numero de estos ingratos, nos exercitarèmos en actos de confusion, dolor, y arrepentimiento, y ofrecerèmos, quanto nos sea possible, la enmienda, prometiendo reparar de nuestra parte las ofensas, que ha recibido de nuestra ingratitud, y de la de los demàs hombres, particularmente en el Santissimo Sacramento. Este es el obsequio, que el amorosissimo Jesus desea principalmente para su amante Corazon. Hasta aquí el culto interior.

El exterior consiste en todas aquellas piadosas acciones exteriores, que son señales de el culto interior; como son las que frequentemente vemos practicar à los Fieles; es à saber, hazer Novenas, adorar Imagenes, visitar Templos, adornar Altares, ò erigirlos, assistir à los Divinos Oficios, y frequentar Sacramentos, limosnas, obras de penitencia, exercicios de charidad, humildad, y otras virtudes; executando todo esto en honra de el Deifico, y adorable Corazon de Jesus, y en reverencia de aquellas virtudes, que se hallaron en el Divino Corazòn en vn modo indecible, y sobre toda ponderacion.

Pero

Pero particularmente, y con especial devocion se deben practicar aquellas acciones, que el mismo Jesus señalò en su revelacion à la V. Margarita. Hase, pues, de consagrar al sagrado Corazòn el Viernes inmediato à la Octava de el Corpus, empleando todo èste dia en los obsequios mas proprios. Debese considerar el fin, la razon, y motivos, que Jesus tuvo en la manifestacion de este culto: para esto ayudara lo que dexamos dicho hasta aquì.

La confession de este dia se ha de hazer con especial memoria, y dolor de las irreverencias, tibiezas, y pecados, que en todo el año huvieremos cometido contra Jesus Sacramentado. Hemos de comulgar con el extraordinario fervor de quien quiere compensar con aquella comunion las faltas de todas las demàs. En la accion de gracias se ha de executar lo que expressamente prescribiò el Amantissimo Jesus en la revelacion referida; esto es, llorar con lagrimas, nacidas de lo mas intimo de el Corazòn, y vn entrañable dolor las irreverencias cometidas contra el Divino Sacramento, ofreciendole aquellas para labar sus ofensas, y èste para reparar sus injurias.

Este dia se visitaràn mas frequentemente los Templos, para suplir la negligencia de muchos Christianos, que apenas entran en ellos, sino compelidos por la Santa Iglesia. En especial se visitarà cinco vezes à Jesus en la Eucharistìa; la primera, en accion de gracias por la Institucion de el Santissimo Sacramento. La segunda, por las muchas vezes, que le hemos recibido, y con èl innumerables beneficios. La tercera, en satisfaccion de las injurias, y sacrilegios cometidos por los Hereges. La quarta, por las innumerables, y gravissimas ofensas de los Catholicos. La quinta, por compensar la soledad, que el Santissimo Sacramento

mento tolera en tantos Lugares, Aldeas, y aùn Ciudades de la Chriſtiandad.

Podràn añadirse, ſegun la devocion de cada vno, oraciones, preces, ò afectos, en alabanza de el Sacratiſsimo Corazòn de Jeſus, con otras obras de charidad, humildad, penitencia, &c. que ſon frequentes para culto de otros Myſterios, ò Feſtividades.

Puedeſe dedicar vn dia cada mes al miſmo ſagrado Corazòn (como lo practica toda la Orden de la Viſitacion, à imitacion de la V. Margarita, à quien mandò el miſmo Jeſus, que aſsi lo hizieſſe) en que ſe hagan los miſmos exercicios de confeſſar, comulgar, &c. y puede ſer el Viernes primero de cada mes, y aun de cada ſemana: pues vèmos, que ay dia en todas las ſemanas conſagrado à la memoria de la Inſtitucion de el Santiſsimo Sacramento, y de la Sagrada Paſsion, y de la Santiſsima Virgen. Algunos devotos de el Divino

In eius Vit. n. 33.

Corazòn

Corazòn de Jesus no dexan passar dia, ni hora; y si pudiesse ser, ni momento, en que no piensen, adoren, y amen al Santissimo Corazon, en quien viven, respiran, duermen seguros, y desean morir, y descansar felíz, y eternamente. O! imitemos à estos felizes adoradores de el Corazòn amabilissimo de Jesus.

Para confirmacion de lo dicho, para authoridad de el sagrado culto de el Corazòn de Jesus, y para exemplar de los exercicios, que pueden practicar sus devotos, se ponen aquí las devotissimas practicas de algunas personas insignes en la santidad, y en la Mystica, para que cada vno escoja las que le parecieren, y mas devocion le causaren.

PRACTICA PRIMERA.

LUdovico Blosio, de la esclarecida Orden de San Benito, tan cèlebre entre los Mysticos, dize ze assi: ,, Encomienda tus obras, ,, y exercicios al Sacratissimo, y ,, melifluo Corazòn de Jesus, para ,, corregirlos, y perficionarlos. Y en otra parte nos aconseja orar al Padre Eterno en esta forma: ,, Pa- ,, dre Celestial, yo os ofrezco, en ,, lugar de la sequedad fria, y mi- ,, serable de mi corazòn, los fer- ,, ventissimos deseos, y el arden- ,, tissimo amòr de el Corazòn ama- ,, do de tu Hijo Jesu-Christo. Y en otra exclama: ,, Ojalà este Co- ,, razòn suavissimo, este ameno Ga- ,, zofilacio de la Bienaventuranza ,, sea mi consuelo, y mi salud en ,, la muerte, y despues mi morada ,, eterna!

In Specul. Spirit. c. 7.

In Scrin. Spirit.

In Vit. Christ. Art. 23.

PRACTICA II.

JUAN Lanspergio, de la Sagrada Religion Cartusiense, declarò con aquella insigne piedad, que le mereciò el renombre de *Justo*, su sentir acerca de el culto de el Corazòn

razòn de Jesus ; pues tratando de èl de proposito , dize assi: „ Procura exercitarte , y frequentar con piadosa devocion el culto de el piadosissimo Corazòn de Nuestro Señor Jesu-Christo , copiosissimamente comunicativo de amòr, y misericordia, besandole, y entrandote en èl espiritualmente; quanto pidieres , pidelo por este dulcissimo Corazòn , ofreciendo por èl tus exercicios , porque es el thesoro de todas las gracias; y la puerta por donde nos llegamos à Dios , y Dios a nosotros. Pòn alguna Imagen de el Corazòn de este Señor en algun lugar por donde has de passar frequentemente , para recuerdo , è incentivo de tu amòr : : : Conviene, y es exercicio muy piadoso rendir devotos obsequios al Corazòn de Jesus , al qual debes refugiarte en todos tus trabajos , y peligros, pues en èl hallaràs consuelo , y gracia ; y quando te desampararen , y engañaren todos los co-

In Pharetra Divin. Amor. lib. 2. part. 5. initio.

„ razones

,, razones de los mortales, està seguro, que este fidelissimo Corazòn no te dexarà, ni te engañarà.

PRACTICA III.

EL P. Diego Alvarez de Paz, de la Compañia de Jesus, tan conocido de todos los hombres espirituales por sus copiosos, y devotissimos escritos en la Theologia Mystica, despues de aver explicado las virtudes de el Corazòn de Jesus, dize assi: ,, Procuraràs ,, entrar en el Corazon de Jesus, ,, y considerarle atentamente para ,, formar tu corazòn à su semejanza. Este Corazòn Santissimo es ,, el camino para la mansion eterna, que es la Divinidad de Christo; es la puerta por donde entramos à contemplar al mismo ,, Dios::: O Salvador de los hombres Christo Jesus! abridme, ,, Señor, vuestro Corazòn, puerta

Tom. 3. lib. 4. part. 2. exerc. 2.

,, ta de la vida, y Fuente de agua ,, viva, para que me entre por ,, èl al conocimiento de vuestra ,, Mageſtad, y para que beba por ,, el miſmo Divino Corazòn el agua ,, de la verdadera virtud, que apaga ,, toda la ſed de las coſas temporales.

PRACTICA IV.

QUexabaſe aquella regalada Eſpoſa de el Corazòn de Jeſus Santa Getrudis de las diſtracciones, que padecia en ſu oracion, quando ſe le apareciò ſu Divino Eſpoſo, quien para conſolarla, deſcubriendo ſu Deifico Corazon, la dixo: ,, Vès aquì mi Corazon dulciſsimo, organo de la ,, venerada Trinidad; pongole ,, delante de tus ojos, para que ,, confiadamente le encomiendes ,, todas las coſas, que por tu fra- ,, gilidad no pudieres cumplir, que ,, èl ſuplirà tus faltas; y aſsi apa- ,, receràn todas tus obras muy per-

Lib. 3. Inſinuat. cap. 25.

fectas

„ fectas delante de mis ojos : : : : en
„ adelante siempre te assistirà mi
„ Corazòn y estarà pronto en
„ qualquiera hora para suplir tus
„ negligencias.

PRACTICA V.

AQuella Heroìna de la gracia la V. Madre Maria de la Encarnacion, à quien Francia justamente dà el renombre de *otra Santa Theresa*, honor de las Madres Ursolinas, y Apostola de las Islas Canadas, à donde navegò por revelacion Divina, y orden de sus Superiores, y fundò un Monasterio para educacion piadosa de las Niñas Gentiles; esta prodigiosa Muger descubre vna excelente practica al Corazòn dulcissimo de Jesus, enseñada por el Padre Eterno. Pidiendo, pues, vna noche al Eterno Padre la dilatacion de la Fè, y sintiendo, que à su oracion, aunque agradable à los Divinos

In Vit. ab ead. script. lib. 2. cap. 10. & lib. 3. cap. 13.

vinos

vinos ojos , la faltaba alguna cosa para ser despachada favorablemente ; y suplicando humilde , y fervorosamente la diesse su Magestad à conocer lo que la faltaba , sintiò de repente vn rayo de divina luz , à que se siguiò esta voz : *Pideme por el Corazòn de mi amantissimo Hijo Jesus : por este Corazòn te oirè , y por èl alcanzaràs quanto me pides.* Desde esta hora se encendiò su alma en tanto amòr de el Sacrosanto Corazòn de Jesus , que ni hablar , ni vivir podia , sino por èl : y todos los dias de su vida, sino forzada de alguna vrgencia inevitable , no dexò de practicar la siguiente devota forma de pedir al Eterno Padre por el sagrado Corazon de su Unigenito:

„ O Padre Eterno ! por medio „ de el Corazòn de Jesus , mi vida, „ mi verdad , y mi camino llego „ à vuestra Magestad : por medio „ de este adorable Corazòn os ado- „ ro por todos los hombres , que „ no os adoran ; os amo por to-

dos

„dos los que no os aman : os co-
„nozco por todos los que volun-
„tariamente ciegos no quieren co-
„noceros : por este Divinissimo
„Corazòn deseo satisfacer á vues-
„tra Magestad las obligaciones,
„que os tienen todos los hombres.
„Doy buelta con el pensamiento
„à todo el mundo , buscando las
„almas redimidas con la preciosa
„Sangre de mi Esposo , para sa-
„tisfacer por ellas à vuestra Ma-
„gestad por medio de este Sacro-
„santo Corazòn : à todas abrazo,
„y os las presento por el Corazòn
„de Jesus : pido à vuestra Mages-
„tad la conversion de todas por
„el mismo suavissimo Corazòn.
„Ay ! no permitais , que sea por
„mas tiempo ignorado de ellas mi
„amado Jesus ! Hazed , que vi-
„van por Jesus , que muriò por
„todas. Estais viendo , Padre Di-
„vino , que muchas almas estàn
„ciertamente muertas ; hà ! hazed
„os ruego encarecidamente , por
„este Divino Corazòn de Jesus,

„ que finalmente empiezen yà à vi-
„ vir. Presento à vuestra Magestad
„ sobre este Santissimo Corazòn
„ à vuestros Siervos NN. (*aquì se pueden poner los nombres de los que fueren de la devocion de cada vno*)
„ pidoos por mi Divino Esposo,
„ que los lleneis de su Espiritu,
„ para que siendo su Protector el
„ mismo Deifico Corazòn, merez-
„ can estàr con vos eternamente.

Despues, dirigiendo su oracion al mismo Verbo Encarnado, proseguia en esta forma: „ Bien sabeis
„ vos, Amado mio, todo lo que
„ deseo dezir à vuestro Padre por
„ medio de vuestro Divino Cora-
„ zòn; y que quando hablo assi
„ à vuestro Padre, tambien hablo
„ con vuestra Magestad, porque
„ vos estais en el Padre, y el Pa-
„ dre en vos: perficionad, pues,
„ con èl todos mis deseos:::: O
„ mi Divino Esposo! què bolverè
„ à vuestra Magestad por los innu-
„ merables beneficios, que de vos
„ he recibido? Quiero daros gra-

„ cias

„ cias por medio de vueſtra Di-
„ viniſsima Madre. Yo os ofrezco
„ el ſagrado Corazòn de vueſtra
„ Santiſsima Madre en la forma,
„ que ofrecì el vueſtro al Eterno
„ Padre. Por eſte Sacroſanto Cora-
„ zòn de vueſtra Madre, abraſado
„ en tanto amòr de vueſtra Mageſ-
„ tad, os amo; os ofrezco en accion
„ de gracias los Sagrados Pechos,
„ que mamaſteis, y el Seno Vir-
„ ginal, en que quiſiſteis habitar,
„ por todos los beneficios recibi-
„ dos, por la enmienda de mi vi-
„ da, y ſantificacion de mi alma.
„ En fin me buelvo à la Santiſsi-
„ ma Virgen, y la digo quanto
„ me ſugiere mi afecto. Haſta aqui la Practica de la V. M. Maria de la Encarnacion.

PRACTICA VI.

LA penitentiſsima Anachoreta de los Clauſtros Religioſos, y V. M. Sor Maria Angela Aſtorhc,

Fundadora de las Madres Capuchinas de Zaragoza, y Murcia, nos enseña vna singular practica para con el Corazòn de Jesus, en favor de las Animas de el Purgatorio. En ella muestra su amòr seraphico al Corazòn Divino, y al mismo tiempo vn thesoro de charidad, y sufragios para tan dichosas Almas. Serìa defraudar à los amantes de el Corazòn Santissimo de vn celestial thesoro, y à las Animas benditas de vn riquissimo Monte de Piedad, omitir la practica de esta Venerable, y prodigiosa Muger. Dize assi con sus proprias palabras.

Vida Lib. 4. c. 7.

,, El Corazòn de Christo, pa-
,, deciendo à la Coluna, es todo
,, el amòr, y recreo de mi cora-
,, zòn, y el thesoro de mi alma,
,, en cuyo divino archivo tengo,
,, con todos mis actos, y obras,
,, encerradas mis potencias; y assi
,, en èl he fundado vn Monte de
,, Piedad à favor de las Animas
,, benditas, tomandole por deposi-
,, tario, protector, y perpetuo con-
,, servador

„ servador de este monte santissi-
„ mo. Inflamada despues en sera-
phicos ardores, se buelve amante
à su Divino Esposo, y le habla de
esta suerte:

„ Sacrosanta, y Real Magestad,
„ y mi Divino Supremo Señor,
„ con vuestra licencia, viendome
„ necessitada de particular ampa-
„ ro, y abono para con Vòs mis-
„ mo, escojo vuestro Divino, y
„ humanado Corazon, que en el
„ Pretorio de Pilatos estuvo tan
„ angustiado, y afligido, estando
„ Vòs, mi Divino Esposo, atado,
„ amarrado, y bañado con vuestra
„ misma Sangre en aquella fiera
„ Coluna, que fuè de marmol;
„ porque mi dureza, y culpas la
„ fabricaron.

„ En este, pues, vuestro Cora-
„ zòn arrojo todos mis empleos
„ espirituales, assi de obligacion,
„ como de supererogacion, aunque
„ con muy claro conocimiento de
„ mis tibios afectos, y realzes en
„ las execuciones de mis obras;

 „ pero

,, pero aunque son tan parecidas à
,, la semilla menuda de la mosta-
,, za, arrojadas en el Monte Santo
,, de vuestro Corazòn, fructifica-
,, ràn para alivio de las benditas
,, Animas de el Purgatorio. Y assi
,, con verdad digo, Divino Cora-
,, zòn, que sois toda mi riqueza,
,, y thesoro; porque todo sois cle-
,, mencia, y misericordia, por
,, quien tendràn vida mis pobres,
,, y pequeños servicios.

,, A vos me acojo, ò melifluo,
,, y dulce Corazòn! para socorro
,, de mis necessidades, sossiego de
,, mis dudas, aliento de mis aho-
,, gos, propiciatorio de oro de mi
,, alma, centro intimo de mi espi-
,, ritu, puerto seguro de mis nau-
,, fragios, mi amante tierno, y fi-
,, no. Entre todos los sacrosantos
,, miembros de mi Señor Jesu-Chris-
,, to, vos Corazòn melifluo, sois
,, mi suabe aliento, y descanso,
,, quando estoy afligida: en vos
,, se aviva mi Fè, se dilata la Es-
,, peranza, y enciende la Charidad.

,, Què

„ Què jubilos! Què impulsſos, mo„ciones interiores, y toques deli„cados! Què arrobos! què atrac„ciones! què anſias de amar, y „padecer! què execuciones! Y en „fin todo lo hallo en eſte Sacro„ſanto Corazòn, à quien vàn to„dos mis ſuſpiros, mis anſias, con„gojas, y lagrimas, mis afliccio„nes, y penas.

„ O Corazòn admirable todo „mio, por mì tan deſeado! Eſ„cuela ſois de la eterna ciencia, „y de las finezas de vueſtra cha„ridad, con que diſparais centellas „de fuego à mi helado pecho, de „amòr para conmigo, con las exe„cuciones de padecer congojas „y trabajos para enriquecerme. „O Cathedra Sacroſanta de ver„daderas, y juſtiſsimas leyes de „ſufrimiento, manſedumbre, y „paciencia, con todas las demas „virtudes, que me enſeñaſteis, mi „Divino Señor, viniendo à ſer „mi Redemptor! O mi Dios huma„nado, reparador de todo el mun-

,, do por las finezas de vuestro
,, enamorado Corazòn ! Obrad
,, en mì la renovacion de vnion
,, con mis proximos en mis po-
,, bres empleos, y Monte de Pie-
,, dad.

Despues de estos inflamados afectos de el corazòn de la V. M. Angela con el Corazòn Divino de su Amado Esposo Jesus, combida à sus fervorosas Hijas, y à quantas personas devotas de el Corazòn Sacrosanto halla su devocion, à que se escriban en esta Congregacion de su Monte de Piedad. Señala los sufragios, que por obligacion han de ofrecer los Congregantes de el Corazòn de Jesus; los quales son, ofrecer siete dias continuos muchos sufragios de penitencias, Oracion, Missas, Comunidades, Jubileos, Oficios de Difuntos, è Indulgencias en honor, memoria, y amòr de las siete letras, que componen el nombre: CORAZON de Jesus. Estos sufragios llama la V. M. donativos de obligacion por los di-

difuntos Congregantes. Insinùa los que pueden aplicar por devocion, ò supererogacion. Instituye à Maria Santissima por Patrona de el Monte de Piedad de el Corazòn sagrado de su Santissimo Hijo ; y para enseñar à todos los Congregantes mas con su exemplo , que con sus palabras, lo que han de ofrecer liberalmente por los Congregantes difuntos , dize assi : ,, La Madre Sor ,, Angela Astorhc , que es la que ,, ha tenido el impulsso , añade el ,, donativo gracioso de el gran Psal- ,, terio de Santa Gertrudis , que ,, contiene los ciento y cinquenta ,, Psalmos de David , y en cada ,, verso de ellos vna salutacion à la ,, Magestad de Christo. Item cin- ,, quenta Missas , ciento y cinquenta ,, obras de charidad , y otras tantas ,, de piedad , y por toda la vida ,, dos Missas cada mes. Hasta aqui el donativo liberal de la V.M. Angela por cada difunto de la Congregacion. Despues levanta la llama de su ardiente corazòn al de Jesus,

su

su Divino Esposò, y concluye assi:

„Aora solo resta, Corazòn „Divino de mi Señor, afligidissi„mo, y mar sin suelo de miseri„cordias, no me negueis lo que „os suplica mi afecto por vos mis„mo; y si bien sè no lo merez„co; tambien conozco, que en el „Tribunal de vuestro Corazòn, „lleno por mi amòr de congojas, „y angustias, solo tendrà mal des„pacho el que no le quisiere bue„no; que por ser Tribunal de Gra„cia, y Misericordia, y la misma „confession de los demeritos, y „culpas son disposicion para alcan„zar indulgencia, y perdon. Lo „que de esta obra tan charitativa, „Señor, fuesse agradable à vuestros „divinos ojos, os ruego lo am„pare vuestro divino, y melifluo „Corazòn.

„Y pues sois la principal ca„beza de este Santo Monte de „nuestra fraternidad, y herman„dad, echeis parte de vuestros „infinitos meritos, como el prin-

„cipal

„ cipal caudal, admitiendolo todo
„ por los difuntos, y almas de
„ nuestra Concordia; concedien-
„ donos, por vuestro divino amòr,
„ auxilios especialissimos para con-
„ seguir, y aumentar vuestra gra-
„ cia, y con sus aumentos conver-
„ tirnos en deleyte à vuestros divi-
„ nos ojos, complacencia à vuestro
„ Eterno Padre, recreacion à Maria
„ Santissima, y delectacion de los
„ Santos, y Angeles, particular-
„ mente los de nuestra Guarda.

„ Tambien os pedimos la exal-
„ tacion de nuestra Santa Fè Ca-
„ tholica, extirpacion de las here-
„ gias, conservacion de los justos,
„ conversion de los pecadores, è
„ Infieles, y libramiento de penas
„ de las Almas de el Purgatorio;
„ participandonos, que con vos
„ seamos vnidos por todos los si-
„ glos: Amen; para que experi-
„ mentemos lo que bien dixo Da-
„ vid: *Ecce quàm bonum, & quam* *Psal. v. 2.*
iucundum habitare fratres in vnum.
„ Fecha en este Convento de Nues-

„ tra

,, tra Señora de Porciuncula de Ca-
,, puchinas Descalzas de Zaragoza,
,, dia de la Transfiguracion de el Se-
,, ñor de mil seiscientos y qua-
,, renta.

,, De toda esta vnion, y frater-
,, nidad en Jesu-Christo, humilde
,, Sierva *Sor Maria Angela Astorhc,*
Abadesa indigna.

Esta es la singular, charitativa,
y piadosa practica con el sagrado
Corazòn de Jesus de la extatica,
Venerable, y penitentissima Virgen
Capuchina Sor Maria Angela Astorhc. En ella nos enseña muchas,
y fructuosas devociones al Corazòn Sacratissimo, descubierto à esta
prodigiosa Virgen Española muchos años antes, que à la V. Margarita de Alacoque. Verdad es,
que à èsta escogiò su Divino Esposo para que procurasse los cultos
publicos de su Corazòn à toda la
Santa Iglesia; à aquella para que
los propusiesse privadamente à su
charitativa Congregacion, ò Monte de Piedad de el Corazòn de Jesus,

y principalmente à todas sus Hijas las Madres Capuchinas, las quales, à imitacion de su Santa Madre, deben vivir continuamente en el Corazòn afligido, y amante de Jesus. Deben tener en el archivo de este Divino Corazòn todas sus potencias, obras, pensamientos, y afectos. Deben tenerle por *su riqueza, y thesoro*; y en fin, deben gravar en su corazòn esta Celestial Practica de su Santa Madre, para exercitarse continuamente en los afectos, y excelentes obras de virtud, que las inspirarà el Corazòn de su Amante Esposo Jesus; y que nos enseña à todos, leída, y meditada con la reflexion, y devocion, que merece.

PRACTICA VII.

NO era justo omitir la Practica, que se puede sacar de vna admirable revelacion, que entre otras hizo el dulcissimo Jesus

à

à la V. Margarita de Alacoque, à quien quiso el Señor tomar por instrumentos para excitar en estos tiempos el culto de su Divinissimo Corazòn. Escribiendo, pues, esta esclarecida Virgen à su Director, le dize assi:

„ Vn dia de San Juan Evan-
„ gelista, despues de averme hecho
„ mi amantissimo Dueño vn favor
„ casi de el todo semejante al que
„ hizo en la ultima Cena à su ama-
„ do Discipulo, me puso delante
„ aquèl su Sacrosanto Corazòn, que
„ difundia rayos de maravillosa cla-
„ ridad por todas partes, transpa-
„ rente como vn tersissimo cristal,
„ y elevado en vn trono de fue-
„ go, y llamas: descubriase dis-
„ tintamente la llaga, que hizo en
„ èl la lanza: estaba ceñido de
„ vna Corona de Espinas: en la
„ parte superior se ostentaba la
„ Cruz. Estas Insignias de la Pas-
„ sion significaban (segun me decla-
„ rò Jesus) que todo lo que pa-
„ deciò el Señor para salvarnos,

„ fuè

„ fuè por amòr. Entonces añadiò
„ el amantissimo Jesus, que desea-
„ ba vehementemente ser corres-
„ pondido de los hombres con
„ amòr; y que movido de este
„ deseo, avia determinado mani-
„ festárles su Corazòn, y abrirles
„ este Thesoro de amòr, de mise-
„ ricordia, y de todas las gracias
„ conducentes à su salvacion, y
„ perfeccion. Que su fin era, que
„ todos los que quisiessen rendir
„ la reverencia, y amòr debido à
„ este Sacrosanto Corazòn, fuessen
„ participes de las infinitas rique-
„ zas, que estaban depositadas en
„ èl. Afirmò, que el particular cul-
„ to à su Divino Corazòn le era
„ sumamente agradable. Y assi que
„ tambien queria que la Imagen
„ de su Corazòn, perfectamente de-
„ lineada, se expusiesse à vista de
„ los Fieles, para que con tan
„ amable objeto se ablandasse la
„ dureza de sus corazones. Ofreciò-
„ me Jesus, que todos quantos
„ reverenciassen con especial culto

„ la

„ la Imagen de su sagrado Cora-
„ zòn, serian colmados de celes-
„ tiales dones, que dimanarian de
„ la plenitud de su Divinissimo
„ Corazòn, y que en todas las
„ partes donde se expusiesse esta
„ Imagen, para ser allì singularmen-
„ te honrada, las llenaria de todo
„ genero de bendiciones.

De todas estas practicas se puede aprender el modo de exercitarse vtilmente en este sagrado culto; como tambien se puede sacar de esta vltima quan provechosa sea à los Fieles, y quan grata al Divino Corazòn la veneracion de sus Imagenes, pues con tales premios promete remunerarla.

Explicados yà los exercicios, que constituyen el culto de el Corazòn de Jesus, se dexan vèr claramente las vtilidades, y frutos, que de èl se siguen en bien de las almas: porque què mayor vtilidad, que el exercicio de tantas heroycas virtudes, que en ninguno otro culto se veràn mas frequentemente practicadas? Què cosa mas util à las Almas, que exercitarse continuamente en la adoracion de JESVS; en la accion de gracias, en el sentimiento de las divinas ofensas, en la confusion, en el arrepentimiento, en el dolor de los pecados, en visitar los Templos, en frequentar los Sacramentos, en zelar la mayor gloria Divina? y en vna palabra, que mayor vtilidad de las Almas, que corresponder al amor infinito, con que aquel Sacrosanto Corazon nos ama, y reparar sus ofensas, con quantos obsequios puede inventar la piedad Christiana? Pues la practica de tantas virtudes, què frutos no tendrà en los Fieles, y en toda la Santa Iglesia? Seràn sus frutos enrriquecer las Almas con soberanos dones, reformar las costumbres estragadas, y encender el fuego de el Amor Divino, resfriado en los mortales.

Estos son los frutos prophetizados por Santa Gertrudis, quando

G

In fin. Divin. Piet. lib.4. c. 4. edit. Venet.

do dize, que el manifestar las excelencias del Corazon de Jesvs estaba reservado por la Divina Providencia para los ultimos tiempos, como medio el mas eficàz para renovar el mundo, y encender en èl el Amor de Dios, que entonçes se iria resfriando. Estos son en fin los frutos prometidos por Jesvs à su Esposa Margarita en aquellas vivas expressiones: *Te empeño mi palabra, que mi Corazon se derramarà en copiosos influxos de su amor, llenando de celestiales gracias à quantos le rindieren este culto, y procuraren, que otras tambien se le rindan.*

Midase ahora la excelencia de este culto, por la de sus exercicios, de sus utilidades, y de sus frutos: y se entenderà la verdad de lo que no dudamos afirmar arriba, ni repetir ahora; esto es, que entre toda la variedad de solemnes cultos, que hermosean la Iglesia, no se hallarà alguno mas excelente, mas noble, y mas subliblime, que este del Corazon de Jesvs, Fuente de todas las gracias, y de la vida. O si los que èl mismo ha constituido por Pastores en su Iglesia, traxessen à todas sus ovejas à beber las saludables aguas de esta dulcissima Fuente!

***

CAPITULO V.

NOVENA AL SACRATISSImo Corazō de Jesvs, saçada de las sòlidas Prácticas de el Capitulo precedente.

DESIGNIO, FIN, Y TIEMPO de esta Novena.

EL designio en disponer esta Novena, ha sido, ofrecer à las Almas piadosas un seguro aqueducto, por donde puedan conseguir quanto desearen de la fuente de todas las gracias, nuevamente descubierta por la Divina Providencia en el Corazon Santissimo de Jesvs, debiendo alentar su confianza la complacencia que tiene el Eterno Padre, segun ha querido revelar, en que se le pida por el Corazon de su amado Hijo, y la promessa que ha hecho de conceder, quanto por èl se le pidiere.

El fin que debe tener quien hiziere esta Novena, serà el que enseñò el Señor à su Esposa la Venerable Madre Margarita de Alcoque; es à saber, corresponder amantes al infinito amor, con que nos ama el Corazon de Jesvs, y resarcir con este culto las injurias, que se le hazen en el Santissimo Sacramento de la Eucharistia, especialmente los dias que està expuesto à la veneracion de los Fieles.

El tiempo mas proprio seràn los nueve dias, que ay desde el dia del Corpus, hasta el Viernes inmediato à la Octava, en que se debe acabar, por ser este el dia, que señalò el mismo Jesvs, para celebrar la principal fiesta de su Corazon. Tambien se podrà empezar todos los ultimos Jueves de cada mes, y acabarse el Viernes primero del mes siguiente, dia destinado tambien por el mismo Señor, para culto especial de su amante Corazon.

OB-

OBSEQUIOS QUE SE PUEden hazer en esta Novena.

LOS obsequios seràn los mismos, que se acostumbran en estas Novenas, y mas principalmente los siguientes, segun la devocion de cada uno.

1 Confessar, y comulgar el Viernes primero de cada mes, con especial preparacion, y con intencion expressa de compensar de algun modo las ofensas, è ingratitudes, cometidas en todo el mes precedente, contra el Corazon de Jesus Sacramentado, y ofrecer al tiempo de dàr gracias, despues de la Comunion al mismo Corazon Divino, el evitar, quanto estuviere de su parte, todo lo que puede ser ofensa suya en aquel mes siguiente; y si algunas Almas huvieren hecho el generoso ofrecimiento de el Venerable Padre Colombiere, como està en el §. 5. del Libro *Thesoro escondido*, podràn renovarle entonces.

Si

Si no le han hecho, podran hazerlo como està al fin de esta Novena.

2. Visitar en este mismo dia cinco vezes al Santissimo Sacramento con estas particulares, y expressas intenciones. 1. En accion de gracias por la institucion de este adorable Sacramento. 2. Por las muchas vezes, que le hemos recibido, y con èl innumerables beneficios. 3. En satisfaccion de las injurias cometidas por los Hereges contra este Sacramento. 4. Por las gravissimas ofensas de los Catholicos. 5. Para compensar la soledad que padece Jesus Sacramentado en tantos Lugares, Aldeas, y aun Ciudades de la Christiandad. En estas visitas se detendrà cada uno, segun su devocion, inflamandose en afectos al Corazon de Jesus, semejantes à los del §. 5. del referido Librito.

3. Tener algun rato de Oracion, considerando el infinito amor que nos tiene el Corazon de Jesus; leer en algun Libro, que trate de sus Soberanas Excelencias, ò rezar algu-

nas

nas Preces, como las contenidas en el mismo §.5.

4 Hazer alguna limosna, ù otra qualquiera obra de caridad, humildad, mortificacion, &c. en honra del mismo Sagrado Corazòn.

5 Contribuir por todos los medios possibles â cada uno, à estender el Culto, y devocion del Corazon Santissimo de Jesus, inspirada de Dios al mundo en estos tiempos para encender, y renovar en èl el fuego del divino amor, como muchos años antes lo profetizò Santa Getrudis. Todo conforme se halla en el Librito *Thesoro escondido*.

DIA PRIMERO.

Estando de rodillas delante de el Santissimo Sacramento, ù de alguna Imagen del Corazon Sagrado de Jesus, ù de algun retrato de este Señor, harà con mucha devocion el Acto de Contricion, y dirà despues.

O

O Corazon Divinissimo de mi amado Jesus! en quien toda la Santissima Trinidad depositò thesoros inmensos de Celestiales gracias, concededme vn Corazon semejante à Vos mismo, y la gracia que os pido en esta Novena, si es para mayor gloria de Dios, vuestro Sagrado culto, y bien de mi Alma. Amen Jesus.

Oracion particular para el primer dia.

O Corazon Sacratissimo, y melifluo de Jesus! que con ferventissimos deseos, y ardentissimo amor deseais corregir, y perficionar la sequedad, tibieza de nuestros corazones: inflamad, y consumid las frialdades, è imperfecciones de el mio, para que se abrase en vuestro amor. Dadme la gracia de resarcir las injurias, è ingratitudes hechas contra Vos, ò amante Corazon! y la que os pido en esta Novena, si es para mayor gloria de

Dios

Dios, culto vuestro, y bien de mi Alma. Amen. (*Ex Blosio.*)

Aqui rezarà tres Padre nuestros, y tres Ave Marias, en reverencia de las tres insignias de la Passion, con que se mostrò el Divino Corazon à la Venerable Madre Margarita de Alcoque, quando la dixo, que queria se pintassen sus Imagenes, y se expusiessen à la veneracion de los Fieles. Y si alguno desea mas brevedad, rezarà uno solo en honor del Santissimo Corazon.

Despues dirà al Eterno Padre la Oracion siguiente, comun para todos los dias.

O Padre Eterno! por medio del Corazon de Jesvs, mi vida, mi verdad, y mi camino, llego à vuestra Magestad; por medio de este adorable Corazon os adoro por todos los hombres, que no os adoran; os amo por todos los que

que no os aman; os conozco por todos los que voluntariamente ciegos, no quieren conoceros: por este Divinissimo Corazon, deseo satisfacer à vuestra Magestad todas las obligaciones, que os tienen todos los hombres. Os ofrezco todas las Almas redimidas con la Preciosa Sangre de vuestro Divino Hijo, y os pido humildemente la conversion de todas, por el mismo suavissimo Corazon. No permitais, que sea por mas tiempo ignorado de ellas mi amado Jesvs: hazed que vivan por Jesvs, que muriò por todas. Presento tambien à vuestro Magestad sobre este Santissimo Corazon à vuestros Siervos (*aqui se pueden nombrar las personas, que fueren de la devocion de cada uno*) y os pido los lleneis de su espiritu, para que siendo su Protector el mismo Deifico Corazon, merezcan estàr con Vos eternamente. Amen. (*Ex V. M. Maria de Incarnat.*)

Ha-

Harà despues la peticion fervorosamente por medio del Sagrado Corazon de Jesus, y concluirà.

Al Corazon de Jesus.

Ant. Improperium expectavit cor meum, & miseriam: & sustinui, qui simul contristaretur, & non fuit, & qui consolaretur, & non inveni.

℣. Discite à me, quia mitis sum, & humilis corde. Alleluya.

℟. Et invenietis requiem animabus vestris. Alleluya.

ORATIO.

DOmine Jesu, qui inefabiles Cordis tui divitias, Ecclesiæ Sponsæ tuæ, singulari dilectionis beneficio, aperire dignatus es: Concede propitius, ut gratijs cœlestibus ex hoc dulcissimo fonte manantibus, corda nostra ditari ac recreari mereantur. Qui vivis, & regnas Deus in sæcula sæculorum. Amen.

Des-

Despues se puede hazer commemoracion de el Corazon Purissimo de MARIA.

Aña. Exultet cor tuum, ò Maria in Deo salutari tuo; quia fecit illi magna, qui potens est.
℣. Qui me invenerit, inveniet vitam.
℟. Et hauriet salutem à Domino.

ORATIO.

Clementissime Deus, qui ad peccatorum salutem, & miserorum perfugium, Cor immaculatum Mariæ Divino Cordi Filij sui Jesu-Christi, charitate, ac misericordia, simillimum esse voluisti: concede, ut qui hujus dulcissimi, & amantissimi Cordis memoriam agimus, ejusdem meritis secundum Cor Jesu inveniri mereamur. Per eundem Dominum, &c.

DIA

DIA SEGUNDO.

Todo como el primer dia, mudando la segunda Oracion.

O Corazon Amabilissimo de Jesus! Celestial puerta, por donde nos llegamos à Dios, y Dios viene à nosotros: Dignaos de estàr patente à nuestros deseos, y amorosos suspiros, para que entrándo por Vos à vuestro Eterno Padre, recibamos sus Celestiales Bendiciones, y copiosas gracias para amaros. Dadme la gracia de resarcir las injurias, è ingratitudes hechas contra Vos, ò amante Corazon! y la que os pido en esta Novena, si és para mayor gloria de Dios, culto vuestro, y bien de mi Alma. Amen Jesus. (*Ex Lanspergio.*)

DIA TERCERO.

O Corazon Santissimo de Jesus! camino para la mansion eterna, y fuente de aguas vivas:

con-

concededme, que siga vuestras sendas rectissimas para la perfeccion; y para el Cielo; y que beba de Vos el agua dulce, y saludable de la verdadera virtud, y devocion, que apaga la sed de todas las cosas temporales. Dadme la gracia de resarcir las injurias, è ingratitudes hechas contra Vos, ò amante Corazon! y la que os pido en esta Novena, si es para mayor gloria de Dios, culto vuestro, y bien de mi Alma. Amen Jesvs. (*Ex P. Alvar. de Paz.*)

DIA QUARTO.

O Corazon Purissimo de Jesvs! Espejo cristalino, en quien resplandece toda la perfeccion: concededme, que yo pueda contemplaros perfectamente, para que aspire à formar mi Corazon à vuestra semejanza en la oracion, en la accion, y en todos mis pensamientos, palabras, y obras: Dadme la gracia de resarcir las injurias, è in-

ingratitudes hechas contra Vos, ò amante Corazon! y la que os pido en esta Novena, si es para mayor gloria de Dios, culto vuestro, y bien de mi Alma. Amen Jesvs. (*Ex eod. P. Alvarez.*)

DIA QUINTO.

O Corazon Dulcissimo de Jesvs! Organo de la Trinidad venerada, por quien se perficionan todas nuestras obras: yo os ofrezco las mias, aunque tan imperfectas, para que supliendo Vos mi negligencia, puedan aparecer muy perfectas, y agradables ante el Divino acatamiento. Dadme la gracia de resarcir las injurias, è ingratitudes hechas contra Vos, ò amante Corazon! y la que os pido en esta Novena, si es para mayor gloria de Dios, culto vuestro, y bien de mi Alma. Amen Jesvs (*Ex S. Gertrud.*)

DIA SEXTO.

O Corazon Amplissimo de Jesus! Templo Sagrado, donde me mandais habite con toda mi Alma, potencias, y sentidos: gracias os doy por la inexplicable quietud, sossiego, y gozo, que yo he hallado en este Templo hermoso de la paz, donde descansarè gustoso eternamente. Dadme la gracia de resarcir las injurias, è ingratitudes hechas contra Vos, ò amante Corazon! y la que os pido en esta Novena, si es para mayor gloria de Dios, culto vuestro, y bien de mi Alma. Amen Jesus. (*Ex cod. S. Gertrud.*)

DIA SEPTIMO.

O Corazon Clementissimo de Jesus! Divino Propiciatorio, por el qual ofreciò el Eterno Padre, que oiria siempre nuestras oraciones, diziendo: *Pideme por el Corazon de mi Amantissimo Hijo Jesus, por este Corazon te oirè, y alcanzaràs quanto me pides.* Presentò sobre Vos à vuestro Eterno Padre todas mis peticiones, para conseguir el fruto que deseo. Dadme la gracia de resarcir las injurias, è ingratitudes hechas contra Vos, ò amante Corazon! y la que os pido en esta Novena, si es para mayor gloria de Dios, culto vuestro, y bien de mi Alma. Amen Jesvs. (*Ex V. M. Incarn.*)

DIA OCTAVO.

O Corazon Amantissimo de Jesvs! Trono igneo, y lucidissimo, inflamado en el amor de los hombres, à quienes deseais abrasados mutuamente en vuestro amor: yo deseo vivir siempre respirando llamas de amor Divino, en que me abrase, y con que encienda à todo el Mundo, para que os corresponda amante, y obsequioso. Dadme la gracia de resarcir las injurias, è ingratitudes hechas contra Vos, ò amante Corazon! y la que os pido

en

en esta Novena, si es para mayor gloria de Dios, culto vuestro, y bien de mi Alma. Amen Jesvs. (*Ex V. M. Margarita de Alcoque.*)

DIA NONO.

O Corazon Dolorosissimo de Jesvs! que para ablandar nuestra dureza, y hazer mas patente el amor, con que padecisteis tantos dolores, y penas por salvarnos, los quisisteis representar en la Cruz, Corona de espinas, y herida de la Lanza, con que os manifestasteis Paciente, y Amante al mismo tiempo. Dadme la gracia de resarcir las injurias, è ingratitudes hechas contra Vos, correspondiendo agradecido à vuestro amor, y la que os pido en esta Novena, si es para mayor gloria de Dios, culto vuestro, y bien de mi Alma. Amen Jesvs.

(*Ex ead. V. M.*)

OFRECIMIENTO DE SI *mismo, y de todas sus cosas al Corazon de JESUS.*

O Corazon de mi Amantissimo Jesvs ! Corazon dignissimo de toda mi adoracion , y amor ! Yo N. inflamado en el deseo de compensar , y borrar tantas,y tan grandes injurias cometidas contra Vos ; y para huir quanto està de mi parte , el vicio de ingrato , os entrego , y consagro del todo mi corazon, con todos sus afectos, y à mi mismo, con todo quanto soy enteramente. Protesto , que es mi deseo puro,y sincero olvidarme del todo desde esta hora, y momento de mi mismo,y de todas mis cosas , para que quitados todos los impedimentos , pueda entrar en vuestro Sacrosanto Corazon , que con singular misericordia me aveis abierto , y habitar en èl vivo , y muerto con vuestros Fieles Siervos. Encendido,pues,todo en vuestro amor : ofrezco gustoso à este

Divi-

Divinissimo Corazon todo el merito, y satisfaccion, que puedo tener en los Santos Sacrificios de la Missa, oraciones, obras de penitencia, humildad, obediencia, y de todas las demàs virtudes, que exercitare por todo el tiempo de mi vida, hasta el ultimo aliento de ella. No solo quiero hazer todo esto en alabanza, y honra del Corazon de Jesvs, sino que tambien le pido humilde, y instantemente, no se dedigne de admitir esta perfecta donacion de todas mis cosas, que hago à este Santissimo Corazon: de suerte, que pueda disponer de todas ellas à su arbitrio, aplicandolas à quien fuere servido, ò destinandolas al fin, que mas le agradare. Y cediendo à las Animas del Purgatorio toda la satisfaccion, que pueda tener en mis obras; deseo se les aplique segun el beneplacito del Corazon de Jesvs; pero no debiendo impedir esta mi donacion, que yo pueda ofrecer las Missas, y oraciones, segun lo pidieren algunas vezes la obediencia, y caridad; aviendo de valerme entonces de los bienes agenos, y que yà pertenecen al Corazon de Jesvs: es mi intencion, que todas las obras de virtud, que exercitare entonces, queden dedicadas, y consagradas al Corazon de Jesvs: como bienes proprios suyos. O Corazon Santissimo! enseñadme, os ruego, el camino, que debo tomar, para que olvidado enteramente de mi mismo, llegue à conseguir la pureza de vuestro amor, cuyo deseo me aveis infundido. Abrasome en vehementes deseos de agradaros; pero siento, que de ningun modo podrè llegar à conseguir lo que deseo, sin aquel grande auxilio, que Vos solamente podeis darme. Perficionar, pues en mi, ò Corazon Santissimo, todo lo que os es agradable, y conforme à vuestra Voluntad. Conozco ciertamente, que yo repugno, y resisto; pero, si no me engaño, no quisiera resistir: à Vos os toca dàr, y perficionarlo todo. A Vos solo, ò Corazon Santiſsimo, ſe deberá toda la gloria de mi ſantidad, ſi mereciere finalmente el conſeguirla: ni yo quiero aſpirar en adelante à la miſma ſantidad con otro fin, ſino el de vueſtra gloria, y alabanza. Amen.

GOZOS

AL CORAZON DE JESUS.

SAgrado imàn de los Cielos,
Gloria del mejor harpòn:
O Divino Corazon!
Sed centro de mis anhelos.

I.

El fuego que amor inſpira,
Buſcando en la tierra hoguera,
A ſus rayos, de tu eſphera
Hizo ſu eſphera, y ſu pyra.
En tì ſus rayos ſin zelos
Forja fiel la dileccion,

O Divino Corazon!
Sed centro de mis desvelos;
II.
Tu à la Divina Unidad,
Ofreces Templo el mas puro;
Y en tì el Trono mas seguro,
Coloca la Trinidad.
En tì adora yà sin velos
Mil misterios la razon:
O Divino Corazon! &c.
III.
En tì amor de sus riquezas
El Thesoro deposita;
Y este Thesoro acredita
El oro de sus finezas.
En gozos los desconsuelos
Trueca en ti la dileccion:
O Divino Corazon! &c.
IV.
Quando à tu amor desafia
Mi rebelde ingratitud,
Para darme la salud,
Tu padeces la agonìa.
En ti se ahogaron mis duelos,
Con sangrienta inundacion:
O Divino! &c.

V.

En tì muerto el amor vivo,
Padeciò cruel herida,
Para que en ella la vida
Halle el pecho mas esquivo.
Ella puerta à mis consuelos
Es de comunicacion:
O Divino! &c.

VI.

O imàn de los corazones,
Inflama el mio amoroso,
Y serà crisol Glorioso
Tu Passion de mis Passiones.
Tu solo de mis desvelos
Te llevaràs la atencion.
O Divino Corazon!
Sed centro de mis anhelos.

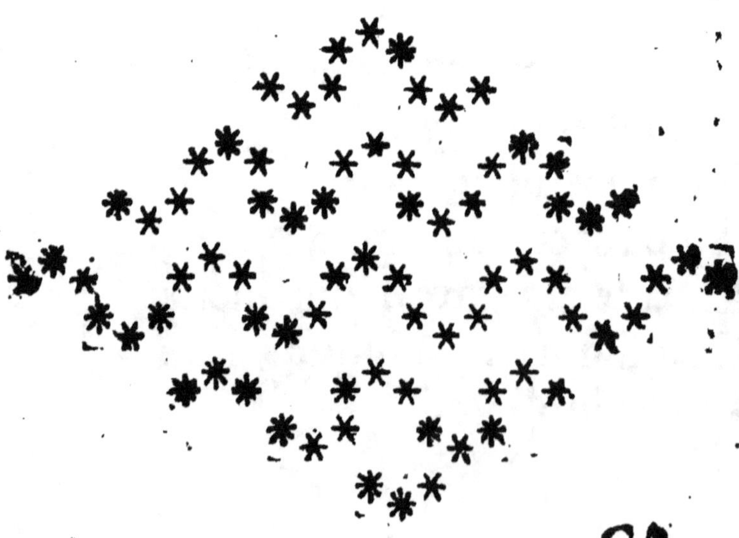

CA-

CAPITULO VI.

AFECTOS PARA EXERCItarse en el suavissimo culto de el Divino Corazon de JESUS.

DEspues de haver explicado en general los exercicios, de que se compone este celestial culto, y confirmadolos con las Practicas, que enseñaron Personas tan Ilustres en santidad, y en la Mystica; para que mejor se comprehendan, ha parecido poner aqui algunos afectos, y oraciones al Corazon Sagrado, y Amabilissimo de Jesus, que sirvan de exemplar à las que à cada vno inspirare su devocion.

EXER-

EXERCICIO DE ALABANZA, y adoracion al Corazon de JESUS.

O Corazon Divinissimo de Jesvs, dignissimo de la adoracion de los hombres, y de los Angeles! O Corazon inefable, y verdaderamente incomprehensible, digno de ser adorado con infinitas alabanzas, por ser Fuente de todos los bienes, pòr ser origen de todas las virtudes, por ser el objeto en quien mas se agrada toda la Santissima Trinidad entre todas las criaturas! O Corazon Dulcissimo de Jesvs! yo profundissimamente os adoro con todos los espiritus de mi pobre corazon, yo os alabo, yo os ofrezco las alabanzas todas de los mas amantes Seraphines, de toda vuestra Corte Celestial, y todas las que os puede dàr el Corazõ de vuestra Madre Sãtissima.

EXER-

EXERCICIO DE AMOR al Corazon de JESUS.

O Corazon Amantissimo de Jesvs! Corazon Nobilissimo, Generosissimo, Liberalissimo, Mansissimo, Humildissimo, Ardentissimo en el amor de los hombres! O Corazon de mi Redemptor, de mi Padre, de mi Esposo! O Corazon, refugio de mi alma, victima por mis pecados, descanso de las almas castas! O Corazon Amabilissimo, herido con la Lanza por mi amor! yo os amo con todo mi corazon, con toda mi alma, con todas mis fuerzas; y deseo continuar este amor todos los instantes de mi vida, y que os amen con igual amor todos los hombres.

IN-

INVOCACION AL CORAZON de JESUS.

O Corazon Poderosissimo, Señor de todos los corazones! sujetad nuestros corazones à vuestro imperio; exercitadle en las almas justas, y obligad con vuestro poder a que os sirvan los corazones ingratos, y rebeldes. O Corazon exemplar perfectissimo de todos los corazones! hazed los nuestros semejantes à Vos mismo en la humildad, y en la mansedumbre, que quisisteis aprendiessemos de Vos.

DOLOR POR LAS INJURIAS cometidas contra el Corazon de JESUS.

O Corazon de Jesvs amantissimo de los hombres, y al mismo tiempo summamente vltraja-

ja-

jado por el olvido de vuestro Amor! yo ingrato pecador, commovido vehementemente con las injurias, y contumelias, que padeceis de nuestra ingratitud, especialmente en el Santissimo Sacramento de Amor, llego à Vos, reconociendome reo, y pidiendo perdon por mi, y por todos los hombres. O Corazon dulcissimo, si yo pudiera borrar con mis lagrimas, y sangre todos los sacrilegios, y ofensas cometidas contra Vos!

OFRECIMIENTO DE SI mismo, y de todas sus cosas al Corazon de Jesus.

EL V.P. Colombierè, de quien hizimos mencion al principio de este Librito, despues de haver explicado los motivos de este heroyco ofrecimiento, pone su formula; la qual pareciò trasladar aqui en sus proprios terminos para ra las almas, que aspiran à una elevada perfeccion, y al amor mas fino del Divinissimo Corazon de Jesus. Dize assi:

„ O Corazon de mi amantissimo Jesus! Corazon dignissimo „ de toda mi adoracion, y amor! „ Yo N. inflamado en el deseo de „ compensar, y borrar tantas, y „ tan graves injurias cometidas „ contra Vos; y para huir quanto „ està de mi parte, el vicio de ingrato, os entrego, y consagro „ del todo mi corazon, con todos sus afectos, y à mi mismo, „ con todo quanto soy, enteramente. Protesto, que es mi deseo „ puro, y sincero olvidarme del „ todo desde esta hora, y momento, de mi mismo, y de todas „ mis cosas, para que quitados „ todos los impedimentos, pueda „ entrar en vuestro Sacrosanto Corazon, que con singular misericordia me haveis abierto, y habitar en èl vivo, y muerto con „ vuestros fieles siervos. Encendido

,, do, pues todo en vuestro amor
,, ofrezco gustoso à este Divinissi-
,, mo Corazon todo el merito, y sa-
,, tisfaccion, que puedo tener en
,, los Santos Sacrificios de la Missa,
,, oraciones, obras de penitencia,
,, humildad, obediencia, y de to-
,, das las demàs virtudes, que exer-
,, citare por todo el tiempo de mi
,, vida, hasta el vltimo aliento de
,, ella. No solo quiero hazer todo
,, esto en alabanza, y honra de el
,, Corazon de Jesvs, sino que tam-
,, bien le pido humilde, è instan-
,, temente, no se dedigne de ad-
,, mitir esta perfecta donacion de
,, todas mis cosas, que hago â
,, este Santissimo Corazon: de suer-
,, te, que pueda disponer de to-
,, das ellas à su arbitrio, aplican-
,, dolas à quien fuere servido, ò
,, destinandolas al fin, que mas le
,, agradare. Y cediendo à las Ani-
,, mas de el Purgatorio toda la satis-
,, faccion, que pueda tener en mis
,, obras; deseo se les aplique se-
,, gun el beneplacito de el Corazon
de

„ de Jesvs. Pero no debiendo im-
„ pedir esta mi donacion, que yo
„ pueda ofrecer las Missas, y ora-
„ ciones segun lo pidieren algunas
„ vezes la obediencia, y charidad,
„ haviendo de valerme entonces
„ de los bienes ageños, y que ya
„ pertenecen al Corazon de Jesvs;
„ es mi intencion, que todas las
„ obras de virtud, que exercitare
„ entonces, queden dedicadas, y
„ consagradas al Corazon de Jesvs,
„ como bienes proprios suyos. O
„ Corazon Santissimo! enseñadme,
„ os ruego, el camino, que de-
„ bo tomar, para que olvidado
„ enteramente de mi mismo, lle-
„ gue à conseguir la pureza de
„ vuestro Amor, cuyo deseo me
„ haveis infundido. Abrasome en
„ vehementes deseos de agradaros;
„ pero siento, que de ningun mo-
„ do podrè llegar à conseguir lo
„ que deseo, sin aquel grande
„ auxilio, que Vos solamente po-
„ deis darme. Perficionad, pues,
„ en mi, ò Corazon Santissimo,

,, todo lo que os es agradable, y
,, conforme à vuestra voluntad.
,, Conozco ciertamente, que yo
,, repugno, y resisto; pero si no
,, me engaño, no quisiera resistir:
,, à Vos os toca dàr, y perficionar-
,, lo todo. A Vos solo, ò Corazon
,, Santissimo, se deberà toda la
,, gloria de mi santidad, si mere-
,, ciere finalmente el conseguirla:
,, ni yo quiero aspirar en adelan-
,, te à la misma santidad con otro
,, fin, sino el de vuestra gloria, y
,, alabanza. Amen.

Este es el devotissimo ofrecimiento del V. P. Colombierè, digno de su elevado espiritu, y propiissimo para formar, y encender amantes Seraphines al Sacratissimo Corazon de Jesvs. Acaso le aprendiò de su hija espiritual la V. Margarita, quien a peticion del mismo Jesvs, hizo semejante entrega de sì misma, y de sus cosas al Corazon Sagrado; mereciendo en recompensa, al entregarsela escrita, que el mismo Señor la hi-

In ejus Vit. n. 49.

ziesetiesse igual donacion con authentica escritura, firmada, ò rubricada con el sello Real de su Sacrosanto Nombre, del Thesoro immenso de su Sacratissimo Corazon, y de las inestimables riquezas, que en èl se encierran.

Si alguna persona, que aspirare à la perfeccion, quisiere hazer este feliz contrato con el Corazon Deifico de Jesvs, en virtud del qual el alma, renunciando la legitima de sus buenas obras en Jesvs, queda mejorada en los bienes, y riquezas de su Divino Corazon, podrà, para mayor muestra de la voluntad, con que se ofrece, authenticarle con su firma, añadiendo tambien el año, y dia en que le hiziere; y este seria bien fuesse el dia despues de la Octava del Corpus, ò alguno otro de los Viernes consagrados al Corazon Sagrado de Jesvs, despues de haverle recibido en la Sagrada Comunion; y para mayor firmeza de su afecto, podrâ renovarle todos los años el dia de la fiesta principal del Corazon, y en las mayores solemnidades de Christo Dios, y Señor Nuestro.

Pero, para precaver escrupulos, se advierte, que este piadoso ofrecimiento de suyo, ni es Voto, ni trahe consigo obligacion alguna de pecado mortal, ò venial, sino una noble, y generosa demonstracion de la fineza de su amor al amante Corazon de Jesvs.

ALGUNAS PRECES PIAdosas al dulcissimo Corazon de Jesvs.

PUedese rezar à honor del Sagrado Corazon de Jesvs una Corona compuesta de cinco cuentas mayores, y treinta y tres menores: estas en reverencia de los treinta y tres años, que el Señor viviò en el mundo: aquellas en honra de las cinco Llagas; y toda esta Corona de piadosos afectos en correspondencia de aquella de espinas penetrantes, con que viò coronado al Corazon Santissimo la V. Madre Margarita.

Alma de Christo santificame.
Corazon de Christo enciendeme.
Cuerpo de Christo salvame.
Sangre de Christo embriagame.
Agua del Costado de Christo lavame.
Passion de Christo confortame.
O buen Jesvs! oyeme.
Entre tus llagas escondeme.
No permitas, que me separe de Ti.
Del enemigo maligno defiendeme.
En la hora de mi muerte llamame.
Y manda, que venga à Tî,
Para alabarte con tus Santos
En los siglos de los siglos. Amen.

Antes de cada cuenta mayor, se dirà el afecto siguiente.

Dulcissimo Jesvs! hazed mi corazon segun el vuestro.

A cada cuenta de las mayores se dize:

Adoramoste Christo, afligidissimo en el Huerto, despreciado todavia de los hombres ingratos en el Santissimo Sacramento de la Eucharistia. Tu solo Santo; tu solo Señor; tu solo Altissimo Jesvs.

A las cuentas menores se dize:

Adorote Corazon Sacratissimo de Jesvs; enciende mi corazon con el divino fuego; en que te abrasas.

Al fin se reza el Padre nuestro, y Ave Maria, con la Oracion siguiente.

ORACION.

O Jesvs, que con inefable milagro del amor de tu Corazon te dignaste darte todo en manjar à nosotros en el Sacramento del Altar, concede, que todos los que detestàmos, y lloramos

de

de todo corazon las injurias, y ſacrilegios cometidos por los mortales ingratos contra Tì en eſte Sagrado Myſterio, ſeamos encendidos con los afectos del miſmo Sacroſanto Corazon; y enſalcemos la miſericordia del miſmo diviniſsimo Corazon con dignas alabanzas por toda la eternidad. Amen.

OTRAS PRECES, Y AFECtos piadoſos al Corazon de Jesvs.

CORazon de Jesvs, Templo digniſsimo del Padre Eterno.
Inflama mi corazon con el Amor Divino, en que te abraſas.
Corazon de Jesvs, aſsiento del Verbo Divino. Inflama, &c.
Corazon de Jesvs, morada del Eſpiritu Santo. Inflama, &c.
Corazon de Jesvs, Sagrario de la Santiſsima Trinidad. Inflama, &c.

Co-

Corazon de Jesvs, en quien habita toda la plenitud de la Divinidad. Inflama, &c.

Corazon de Jesvs, en quien estàn depositados los thesoros de la Sabiduria eterna. Inflama, &c.

Corazon de Jesvs, en quien se encierran las riquezas del Amor increado. Inflama, &c.

Corazon de Jesvs, afligido por nosotros. Inflama, &c.

Corazon de Jesvs, injuriado con nuestras ingratitudes. Inflama, &c.

Corazon de Jesvs, herido con la Lanza por nuestros pecados. Inflama, &c.

Corazon de Jesvs, Fuente de toda consolacion. Inflama, &c.

Corazon de Jesvs, refugio de los atribulados. Inflama, &c.

Corazon de Jesvs, amparo, y defensa de los que te adoran. Inflama, &c.

Corazon de Jesvs, delicias de todos los Santos. Inflama, &c.

℣. Jesvs, manso, y humilde de Corazon. ℟. Ha-

℟. Hazed mi corazon segun el vuestro.

ORACION.

SEñor Jesu-Christo, que te dignaste descubrir las inefables riquezas de tu Corazon con nuevo beneficio de tu Iglesia; concede, que podamos corresponder al amor de este Corazon Sacratissimo, y compensar con dignos obsequios las injurias hechas por los hombres ingratos al mismo afligidissimo Corazon. Amen.

Estas son las formulas, que pueden servir de exemplar à los muchos, y piadosos afectos, en que pueden exercitar las almas espirituales su devocion amante al Divino Corazon, segun èl mismo las inspirare.

CA-

CAPITULO VI.

APENDICE

DE EL CULTO DE EL Dulcissimo Corazon de Maria Santissima, y conclusion de este Libro.

IMpresso en el corazon de los Fieles, è instituido en la Santa Iglesia el culto del Sagrado Corazon de Jesvs, era consiguiente el culto del Corazon amabilissimo de Maria. Pues hà dispuesto la Divina Providencia, y el singularissimo Amor de Jesvs à su dignissima Madre, que la veneracion, y culto de esta Celestial Reyna sean inseparables del honor, que rinden los Fieles, y la Santa Iglesia à su Beatissimo Hijo, y nuestro Rey Jesvs.

En

En muchas Festividades de las que se celebran en el discurso del año, son objeto dulcissimo de la devocion Jesvs, y Maria; como en el Nacimiento de Jesvs, Adoracion de los Reyes, Purificacion, &c. y si en alguna festividad se rinde culto solamente al Hijo, este Señor inspirò à su Santa Iglesia, que instituyesse otra semejante à su Santissima Madre, como la solemnidad de la Ascension es peculiar de Jesvs, y la Assuncion lo es de la Reyna del Cielo. Por esta causa quanto hemos escrito del suavissimo culto del Sacrosanto Corazon de Jesvs, se debe entender con debida, y justa proporcion del amabilissimo Corazon de Maria Santissima.

Assi lo entendieron aquellas dos regaladas Esposas del Corazon de Jesvs, Santa Gertrudis, y Santa Mechtildis, de quienes hablamos arriba, como se vè en varios lugares de sus vidas, y de sus admirables revelaciones. Assi lo enten-

In fin. Divin. Piet. lib. 4. cap. 51. circ. fin.

ten-

tendiò la V. Madre Maria de la Encarnacion, que como yà vimos, no ſeparaba el Corazon de Jesvs del de Maria, acudiendo al Corazon de la Madre, para llegar al del Hijo, del miſmo modo, que ſe valia del Corazon del Hijo para llegar à ſu Eterno Padre. Aſsi lo entendiò la V. Madre Margarita, de quien tantas vezes hemos hecho mencion; pues con ſemejante afecto abrazaba al Corazon de Maria, que al de Jesvs; imitandola tambien en eſte tierno, y devotiſsimo afecto el V. P. Colombierè. Aſsi lo enſeñò difuſamente en ſu celeſtial Librito: *El Sagrado Corazon de Maria*, la diſcreta, y piadoſa pluma del P. Pedro Pinamonti, Miſsionero Apoſtolico de nueſtra Compañia de Jesvs, y Compañero inſeparable del zeloſiſsimo V. P. Pablo Sèñeri, tan conocido en el mundo por ſu heroyca ſantidad, fructuoſas Miſsiones, y celebrados eſcritos: Libro, que los devotos de Maria Santiſsima, y de ſu Santiſsimo

tissimo Corazon debieran leer, y meditar frequentemente. Assi tambien lo ha entendido, y publicado por todo el Orbe Christiano la Santa Iglesia, haviendo aprobado, y honrado con muchas Indulgencias varias Congregaciones al dulcissimo Corazon de Maria, separadamente, y otras à los dos amantes, y Sagrados Corazones de Jesvs, y Maria juntamente.

En fin assi lo dispuso la amorosa Providencia del dulcissimo Jesvs, pues quiso que el primer Templo, que se erigiò en honra de su Deifico Corazon, se consagrasse tambien al de su amorosissima Madre: empezando de esta suerte à celebrarse à un mismo tiempo fiesta à ambos Sagrados Corazones, como se executò por ocho dias continuos en la solemne Dedicacion de este Templo. Abrazemos, pues, nosotros, veneremos, y amemos con el mas entrañable afecto à uno, y otro Santissimo Corazon; para con el Eterno Padre valgamonos

monos del Corazon de Jesvs ſu Amantiſsimo Hijo; para con Jesvs valgamonos del Corazon de Maria ſu Dulciſsima Madre: todo lo alcanzarèmos del Padre por el Corazon de Jesvs; nada dexarèmos de conſeguir de Jesvs por el Corazon de Maria.

CONCLUSION.

HAviendo dado en el diſcurſo de eſte Librito una breve noticia del piadoſiſsimo culto del Corazon Divino de Jesvs, ſe ſeguia exhortar aqui à ſu pràctica; pero la mas eficaz exhortacion creemos ſer ſu ſoberana excelencia. El miſmo culto por ſu objeto tan divino, por ſu fin tan ſoberano, por ſus exercicios tan ſanto, por ſus utilidades tan apreciable, debiera ſer, quando le faltàran otras, ſu mayor recomendacion para con la piedad Chriſtiana.

Pero ni aun le faltan eſtos titulos, que ſuelen ſer no pequeños

atrac-

atractivos de la devocion, ni menos eficaces argumentos para persuadir à la razon: porque ademàs de haver hecho este celestial culto tan milagrosos progressos entre la desecha furia de tantas, y tan terribles persecuciones (claro indicio de la especial Providencia, con que el Señor le protege, *pues à ser consejo de hombres, yà se huviera deshecho por sì mismo*, mas por ser de Dios no ha prevalecido contra èl todo el Infierno) y ademàs de esto, tiene à su favor la Divina voluntad declarada tan expressa, y manifiestamente, que no puede dexar lugar de duda à la prudencia humana. Rebuelvanse todas las Historias Eclesiasticas, y en la dilatada serie de tantos siglos no se hallarà culto, ò fiesta alguna, de quantas hay en la Iglesia, que haya tenido a su favor mas señales de la Divina voluntad, como la del Divino Corazon: no dudò afirmarlo assi à la Congregacion de Eminentissimos Cardenales el R.P. Actor. 5.

Galliffet,

Gallifret, de quien hizimos mencion en la Advertencia à efte Librito.

De quatro modos fuele Dios declarar fu voluntad en efte punto à los Fieles, y à fu Iglefia; el primero, por milagros. El fegundo, por revelaciones privadas. El tercero, por la conmocion de los Pueblos. El quarto, por la infpiracion à los Prelados: baftando qualquiera de ellos para la inftitucion de qualquiera Feftividad, ò folemne culto; fiendo raro entre quantos celebra la Santa Iglefia, en quien ayan concurrido todos quatro: pero en efte del Corazon de Jesvs fe hallarà haver concurrido todos juntos à manifeftar el Divino beneplacito.

Han concurrido los milagros tan portentofos, como publica Francia. Han concurrido las revelaciones de Santa Gertrudis, de San Francifco de Sales, y de la V. Madre Margarita de Alacoque, entre otras muchas. Ha concurrilo la commocion de los Pueblos tan universal, que con dificultad tendrà exemplar en la Historia. Ha concurrido finalmente la Divina inspiracion à los Prelados, y Principes de la Iglesia, como queda dicho al principio de este librito. Y como declara la piedad ilustre de los Ilustrissimos Prelados de España; pues casi todos han escrito, y solicitan con nuestro Santissimo Padre Clemente XII. la solemnidad de el culto de Rezo, y Missa de el Corazòn Sacrosanto. Todos aprueban en sus Diocesis esta sòlida devocion, y apacentaràn sus ovejas con los pastos saludables, y el agua celestial, y dulcissima de el Corazòn de Jesus. Recomendaciones todas, que nos dàn seguras esperanzas, que serà abrazado este devotissimo culto con empeño amante de la piedad de los Fieles; y que aún la misma Santa Iglesia, tan zelosa de la gloria de su Soberano Esposo Christo Jesus, y de el provecho de las almas, le ha de establecer solemnemente con su authoridad suprema, satisfaciendo assi los deseos de el Corazon Sacrosanto (en quien, segun San Bernardo, ella tiene su morada) y cumpliendo las ardientes ansias de tantos Pueblos, y Prelados, que piadosos lo solicitan.

Serm. 3. in Vig. Nativ. Dni.

En nuestra España (donde la devocion de el Corazon de Jesus era de el todo incognita, hasta la mitad de el año de mil setecientos y treinta y tres) ha hecho yà tan felices progressos, que solo el amor infinito de el Corazon Divino, para con los corazones Españoles, pudiera dilatarla tanto. Hallase entronizada en los corazones Soberanos, y Excelentissimos de nuestra Augusta Corte, consagrada en los espiritus de los Illustrissimos Prelados de nuestra Inclita Nacion; favorecida de innumerables Comunidades Religiosas de ambos sexos; y de quantas piadosas almas tienen la dicha de aver conocido, y experimentado la solidèz,

dèz, y dulzura de el culto Sacrosanto de el Corazòn de Jesus. Todas estas personas encienden en su piadoso corazòn la devocion al de Jesus con sòlidas Prácticas, aprobadas de los Señores Obispos, y de sabios Directores. Comulgan el dia inmediato à la Octaba de Corpus Christi; y muchissimas almas, todos los Viernes primeros de cada mes: hacen la Novena de el Corazòn de Jesus todos los meses; y en muchas Comunidades de Religiosas se ha establecido rezarla todas, ò las mas juntas privadamente en el Choro. Practican en honor de el Corazòn Santissimo muchos obsequios de charidad, humildad, mortificacion, y penitencia, semejantes à los que Jesus prescribiò à la Venerable Margarita de Alacoque. Estos exercicios en honor, y culto de el Corazòn Divino, se practican con mayor solemnidad en las muchas Congregaciones, que ha fundado en los Reynos de Murcia, y

Valencia el M. R. P. Pedro Calatayud, Misionero Apostolico de nuestra Compañia, con titulo: *Congregacion de el Corazòn de Jesus.*

Yà en fin en el Real, y Catholico pecho de nuestro gran Monarcha el Señor Phelipe V. (que Dios guarde, y prospere en todas sus grandezas) ha inspirado el mismo dulcissimo Corazòn de Jesus deseos de vèr estendida su devocion, y propagado su culto; y para desempeñar à sus mismos deseos, y à toda la Nacion Española (empeñando al mismo tiempo con su Real exemplo à todos los que por su Oficio, ò Dignidad pueden imitarle) ha interpuesto su soberana authoridad con la Santa Sede, con repetidas cartas. La primera coronarà dignamente este librito.

CARTA

CARTA
DE NUESTRO CATHOLICO Rey, y Señor D. Phelipe Quinto, al Santissimo Pontifice Benedicto Decimotercio.

B.mo P.

DEseando por mi parte concurrir à que se estienda, y propague la devocion al Divino Corazon de Jesus, estoy persuadido à que esto se facilitarà, concediendo V. Santidad para todos mis Reynos, y Dominios Missa, y Oficio proprio suyo. Por lo que fiado en el paternal amòr de V. Beatitud, passo à suplicar à V. Santidad con las mayores veras, y

empeño,

empeño, se sirva de dispensarme esta gracia, que espero merecerle, como el que me conceda igualmente su Santa, y Apostolica Bendicion, que humilmente imploro à V. Beatitud. Nuestro Señor guarde la muy Santa Persona de V. Santidad al bueno, y prospero Regimiento de la Universal Iglesia. De el Buen Retiro à 10. de Marzo de 1727.

De V. Santidad
Muy humilde, y devoto Hijo

Don Phelipe por la gracia de Dios,
Rey de las Españas, de las dos Sicilias, de Jerusalèn, &c. que sus Santos pies, y manos besa.

A mayor gloria de Dios, y de el Sagrado Corazòn de Jesus.

www.ingramcontent.com/pod-product-compliance
Lightning Source LLC
LaVergne TN
LVHW060102240826
846091LV00018B/4072

* 9 7 8 1 2 8 8 1 7 0 4 0 1 *